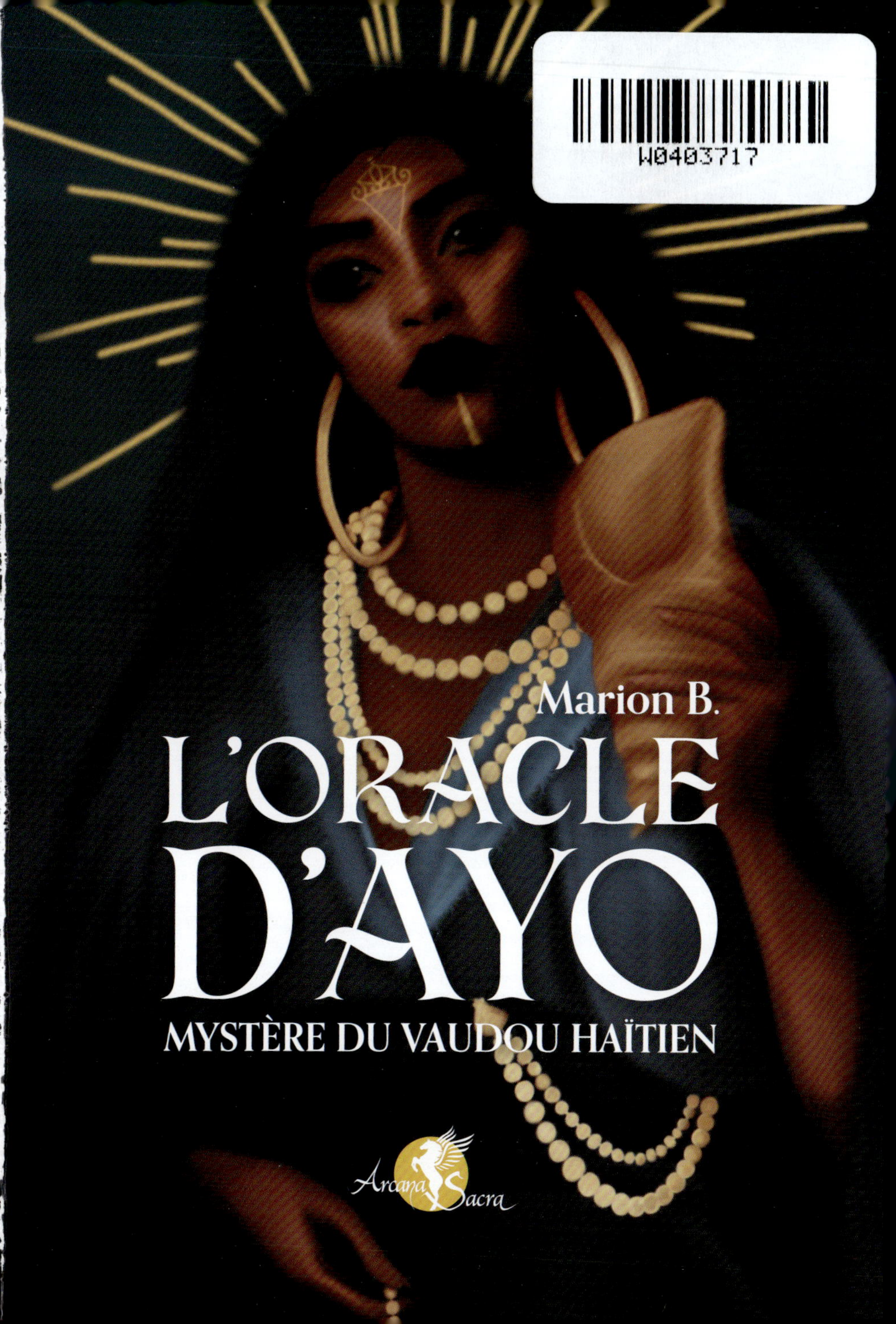

Marion B.

L'ORACLE D'AYO

MYSTÈRE DU VAUDOU HAÏTIEN

Arcana Sacra

Éditrice : Anne-Laure Lajous

Maquette : Loanna Triffaut

Correction : Justine Mercier-Joly

Illustrations : ©Marion B.

ISBN : 978-2-38063-043-5

Dépôt légal : février 2024

Imprimé en Chine

Une marque du groupe éditorial Piktos.

355, rue de la Montagne-Noire – 31750 Escalquens

contact@piktos.fr

www.arcana-sacra.com

Retrouvez-nous sur les réseaux sociaux :

Facebook @EditionsArcanaSacra

Instagram @arcanasacreditions

TikTok @arcanasacraeditions

À PROPOS DE L'AUTEURE

Marion B. est artiste et auteure indépendante. Après avoir remporté le Prix Claude Nougaro dans la catégorie bande dessinée et terminé ses études supérieures en art plastique, elle a conçu divers projets seule ou en collaboration, tels que des bandes dessinées, des recueils, des jeux, etc.

Elle est l'auteure de *L'Oracle des Ombres* paru aux éditions Arcana Sacra, ainsi que du *Pic de Sel*, un livre de contes publié aux éditions Noir d'Absinthe.

Fascinée depuis toujours par les histoires emplies de mystères et de personnages ambigus, Marion B. s'applique à donner vie à ces entités à travers des portraits, dont les regards caractériels, tour à tour déterminés ou mélancoliques, laissent libres d'interpréter leurs symboles et d'imaginer leurs histoires.

Sommaire

INTRODUCTION

Oublions le cliché de la poupée vaudou, du marabout affligeant ses ennemis de ses sombres sortilèges, ou du groupe s'adonnant la nuit à des rituels sordides. Le vaudou, ainsi que bien d'autres spiritualités similaires, a été longtemps dénigré, montré du doigt, taxé de sorcellerie et de pacte avec le mal.

Mettons nos préjugés de côté et envisageons le vaudou autrement, comme ce qu'il est vraiment : un langage, une médecine de l'âme et du corps, des rites incroyablement riches de sens et une philosophie aidant l'Homme à renouer avec sa nature et son environnement. Il n'existe pas un seul vaudou, mais plutôt de multiples facettes, vivantes et mouvantes. *L'Oracle d'Ayo* vous en présentera une parmi tant d'autres, qui se veut intime et accessible.

Et si le vaudou, plutôt que de nous ensorceler, pouvait nous insuffler la force nécessaire pour nous libérer d'une situation aliénante ? Pour casser nos tabous, nous réapprendre à aimer et à nous aimer, afin d'évoluer dans les meilleures conditions ? *L'Oracle d'Ayo* n'a pas la prétention d'apporter les connaissances nécessaires pour appliquer cette spiritualité, mais il sera un guide singulier et poétique, un compagnon pouvant se greffer à toutes vos pratiques, et à celles des vaudouisants en devenir ou aguerris.

Liberté et intuition seront les mots-clés de cet oracle. Marchez dans les pas d'Ayo, femme énigmatique dont l'histoire fera peut-être écho à la vôtre. Laissez-la vous guider, à l'aide de ses paroles et de ses chants, vers des rivages mystérieux et emplis de forces insoupçonnées. En écoutant votre seule sensibilité, ou en vous référant au livret, découvrez des cartes aux multiples symboliques et aux énergies uniques.

Fiez-vous à votre intuition et écoutez l'appel des *Lwa*. Des yeux grands ouverts vous mèneront vers des chemins éclatants.

Le Vaudou

Il est bien trop complexe de résumer ce qu'est le vaudou en quelques pages. Pour mieux cerner cette spiritualité il faudrait bien plus qu'un livret et interroger les personnes qui en font l'expérience quotidiennement. Toutefois, il était essentiel, pour une bonne compréhension et prise en main de cet oracle, de tenter d'expliquer et d'éclaircir les origines, ainsi que l'histoire de ce culte complexe. Vous trouverez donc, dans ce très modeste livret, quelques bribes de connaissances, afin d'aider à mieux comprendre l'évolution et les pratiques du vaudou.

Origines et histoire du Vaudou

Le vaudou est la synthèse de plusieurs cultes africains et de diverses pratiques, telles que le *Fâ* (art divinatoire), qui n'ont jamais cessé d'évoluer avec le temps, le contexte historique et la situation géographique. Le vaudou s'est développé dans l'ancien royaume de Dahomey (actuel Bénin), puis s'est étendu jusqu'au Nigeria, au Togo et au Ghana, où il est pratiqué parmi les peuples Fon, Yoruba et Ewe. Le mot vaudou se prononce et s'écrit différemment selon les régions et les pays : *Voodoo, Vodou, Voudou, Vaudoun*... À l'origine, il proviendrait du terme Fon *Vodun*, pouvant se traduire par « esprits, puissance invisible, monde invisible ».

Le vaudou affirme l'existence d'un monde surnaturel dans lequel évoluent une copie spirituelle de nous-mêmes, des énergies et des esprits que l'on appelle aussi *Lwa* (se prononce « loi »). Les *Lwa* peuvent incarner des éléments naturels, intervenir dans le monde visible, mais aussi dans la vie des Hommes. Il est possible d'entrer en contact avec ces entités afin de leur demander protection, guérison ou divers autres services. Le vaudou vise donc avant tout à honorer des esprits ; ces entités seront abordées dans le sous-chapitre « Les *Lwa* ». En plus des esprits, le vaudou admet l'existence d'un dieu unique, *Mawu* (« Le Grand Maître »), aussi nommé *Bondye* (« Bon Dieu » en créole haïtien). Malgré les *Lwa* qui servent d'intermédiaires entre le monde visible et invisible, cette divinité créatrice reste hors d'atteinte pour les Hommes. Elle n'interfère pas dans leur vie, elle est l'ordre du monde et ne peut être représentée.

Au XVIe siècle, un grand bouleversement s'opère : le commerce triangulaire. Des millions d'êtres humains sont déportés en trois siècles, dont à Saint-Domingue (actuels Haïti et République dominicaine), plaque tournante de la « traite des Noirs ». Tout est alors mis en œuvre pour que les esclaves renoncent à leur culture et à leur identité. Ainsi, ils se voient affublés de nouveaux noms par leur propriétaire et les ethnies sont mélangées pour compliquer la communication entre les esclaves.

Ensuite, vient la conversion forcée à la religion catholique. En plus de leur liberté, de leur nom et de leur lignage, les esclaves doivent également renoncer à leurs traditions et croyances. Celles-ci sont perçues par leur propriétaire, et surtout par l'Église, comme du satanisme ou la preuve d'un esprit naïf et inférieur. Pour empêcher toute forme de rébellion, ainsi que les pratiques religieuses proscrites, les rassemblements entre esclaves sont interdits et les récalcitrants sont condamnés à divers supplices.

En apparence, les esclaves semblent assimiler cette conversion forcée, mais il n'en est rien. Malgré l'asservissement, la déshumanisation et les persécutions incessantes, les hommes et les femmes ne renoncent pas à leurs croyances. Au contraire, la pratique du vaudou devient essentielle à leur survie et s'adapte à leurs conditions de vie. De nouveaux temples se forment à l'abri des regards et se font appeler *hounfor* ou *oufo*. Étant privés de leurs objets de culte, les fidèles tracent les symboles des *Lwa* avec de la farine de maïs, ou autre poudre, directement sur le sol. Ces symboles portent le nom de *vévé* et leur réalisation et contemplation aident à créer le lien entre les Hommes et les *Lwa* qu'ils souhaitent invoquer/vénérer.

Avec le temps, les requêtes adressées aux *Lwa* changent pour devenir plus radicales. Le vaudou, dont la vocation était d'apporter équilibre et protection, devient alors une arme, un moyen de se venger de l'oppresseur. Une facette plus sombre et plus occulte du vaudou se développe et sera utilisée dans de nombreuses luttes intestines pour la liberté. Dès lors, le vaudou souffrira de nombreuses et extravagantes rumeurs, qui poursuivront ses adeptes jusqu'à nos jours.

Cependant, le vaudou continue de s'étendre dans l'hémisphère américain. Le culte se modifie, se métisse et prend de nouvelles appellations telles que le *candomblé*, pratiqué au Brésil, ou la *santeria* à Cuba.

Fait des Hommes ou des *Lwa*, l'esclavage prend fin à Saint-Domingue et l'actuel Haïti devient indépendant en 1804. Malgré de nouvelles persécutions commises à l'encontre des vaudouisants (elles se poursuivront jusqu'à la fin du XXe siècle), le vaudou haïtien s'impose progressivement sur l'île et se révèle être un étonnant mélange entre symboles catholiques et traditions spirituelles héritées d'Afrique et d'ethnies amérindiennes : les Taïnos et les Cyboneys, qui peuplaient l'île avant l'arrivée des Européens.

Il est difficile de désigner de manière tranchée le vaudou comme étant une religion. En effet, les vaudouisants ne suivent pas de dogme précis et les temples sont libres et indépendants. En Haïti, le vaudou est perçu comme un mode de vie, pouvant s'ajouter à l'exercice d'une autre religion. Plutôt que de parler de pratiquer le vaudou, les Haïtiens diront *sèvi-Lwa*, « servir les *Lwa* ».

Aujourd'hui, le vaudou compte de nombreux adeptes à travers le monde, bien que le culte peine encore à se remettre de sa sombre réputation. Les fictions (livres, films, séries, etc.) y sont pour beaucoup dans cette diabolisation, reliant encore le vaudou au cannibalisme et autres rites sataniques. Malgré toutes ces épreuves, et bien d'autre encore, le vaudou a su résister et survivre. Les adeptes ont réussi à faire perdurer des croyances ancestrales, ne demandant qu'à ce que l'Homme se reconnecte aux énergies de ce monde, afin d'en ressortir plus fort, plus libre, tout en reconnaissant l'autre comme étant soi-même.

Les *Lwa*

Les *Lwa* font partie intégrante du vaudou et de *L'Oracle d'Ayo*, il était donc primordial que je leur réserve un sous-chapitre pour clarifier certains de leurs aspects. Comme nous l'avons vu dans le sous-chapitre précédent « Origines et histoire du vaudou », le vaudou est avant tout un culte des esprits, appelés *Lwa*, *Loa* ou *Mystère*.

Intermédiaires entre le monde visible et invisible, les *Lwa* ne sont pas à proprement parler des divinités, mais des forces fondamentales et ambivalentes, emplissant le monde. Ils sont la vie et la mort, la lumière et l'obscurité, l'équilibre et le chaos. Ils sont la face cachée de chaque chose, ainsi que les serviteurs de *Bondye*.

Lors de cérémonies, les *vévé* sont dessinés, et des offrandes pour les esprits déposées à la base du *potomitan* (« poteau-mitan »), un pilier disposé au centre du temple vaudou. S'ensuivent le son des tambours, les chants et les danses, qui ont pour effet d'attirer les esprits dans l'assemblée. Les *Lwa* peuvent répondre à ces appels et se manifester de diverses manières, comme par la transe et le phénomène de possession, aussi dit « chevauchement », car le possédé devient le *chwal*, « cheval », d'un *Lwa*. Cet état provisoire est le plus souvent voulu et provoqué par les vaudouisants. Le phénomène est parfois spectaculaire, mais le « cheval » n'en garde presque jamais de souvenir, d'où l'importance de ne pas essayer de provoquer une possession en étant seul.

Nos ancêtres et ceux ayant accompli des actes remarquables au cours de leur vie peuvent aussi devenir des *Lwa* après la mort. De plus, chaque personne est liée à un, voire plusieurs *Mèt Tèt*, « Maître de la Tête ». Ces *Lwa* particuliers demeurent auprès d'un individu et tiennent un rôle de guide et de protecteur, de la naissance de celui-ci, jusqu'à sa mort.

Il existe une multitude de *Lwa* dans le panthéon vaudou, trouvant leurs origines dans toutes les régions du monde. Cependant, les *Lwa* peuvent être regroupés selon leurs racines dans de larges familles appelées *nanchon* (« nation »). Il existerait 21 nations en tout, 21 étant la valeur absolue dans la numérologie vaudou. Ces nations se répartissent en un, voire plusieurs « rites », lesquels se distinguent par des cérémoniaux différents (jour précis, danses, chants, offrandes et instruments particuliers). Il n'est pas rare que des *Lwa* fassent partie de plusieurs familles en même temps, selon leurs différentes facettes.

Voici les quatre nations les plus couramment servies :

Rada : Regroupe les esprits les plus anciens, pouvant trouver leur origine au Dahomey. Ces *Lwa* sont considérés comme sages et paisibles.

Kongo : Esprits bantous originaires d'Afrique centrale. Les *Lwa* de cette famille sont exubérants et joyeux. Ils sont en général très gourmands en matière d'offrandes, mais ils protègent efficacement leurs serviteurs dans les périodes difficiles.

Petro : Large groupe d'esprits, qui pour la plupart ont été découverts sur les îles telles que Saint-Domingue. Ces esprits auraient aidé à libérer l'île de l'esclavage. Ils sont d'un tempérament changeant et plus abrupt que les autres *Lwa*.

Guédé ou gede : Ceux qui sont morts seuls, dont l'existence même a été oubliée. Les *Lwa Guédé* sont extravagants et bruyants, mais tout le monde peut les honorer et les servir, car ce sont les *Lwa* les plus proches de nous. Leurs parents spirituels et protecteurs sont deux *Lwa* puissants connus sous le nom de *Baron Samedi*, le juge des morts, et *Grande Brigitte*, maîtresse des cimetières.

Lors d'un service vaudou, après avoir prié *Bondye*, les *Lwa* doivent être appelés dans un certain ordre en prenant en compte leur famille respective. Seul un *Lwa* sera toujours appelé en premier, il s'agit de *Legba*, le *Lwa* qui a la charge d'ouvrir la porte séparant les deux mondes, permettant ainsi la communication entre Hommes et esprits.

Il serait malvenu d'imposer un jugement de valeur aux *Lwa* car ils se valent tous, ils ne sont ni bons ni mauvais, à quelques exceptions près, qui ne seront pas citées dans ce livret. Les *Lwa* les plus agressifs peuvent se montrer calmes et compréhensifs, tout comme il est possible de s'attirer les foudres d'un *Lwa* d'ordinaire bienveillant. Pour entrer en contact et bénéficier des faveurs des *Lwa*, il faut donc bien faire attention à la manière de les aborder. Il est aussi important de garder en tête que ces esprits ne sont pas l'équivalent d'un dieu suprême et encore moins nos serviteurs. S'ils nous aident, s'ils acceptent de répondre à nos appels, c'est parce qu'ils en ont décidé ainsi, qu'ils en ont le pouvoir et qu'ils ont été bien honorés et/ou sensibles à notre demande.

Dans le chapitre « Les cartes des *Lwa* », certaines de ces entités vous apparaîtront avec leurs attributs, *vévé*, description et offrandes appréciées.

Rôle des offrandes

Sèvi-Lwa, le fait de « servir les *Lwa* », est une activité essentielle dans le vaudou. Les offrandes, pouvant se faire quotidiennement, jouent un rôle fondamental dans la relation entre vaudouisants et esprits. En effet, rien n'est gratuit ! On ne peut exposer une requête à un *Lwa* sans lui offrir quelque chose en retour. Disposées sur un autel, les offrandes peuvent se présenter sous la forme de végétaux, de pierres précieuses, de bijoux, de parfums, d'aliments ou de boissons appréciés par l'entité.

La nourriture tient une place importante en matière d'offrandes. Dans le vaudou haïtien on parlera de *Manjé-Lwa* pour désigner des repas rituels. Ces repas conçus pour les esprits se basent sur des recettes haïtiennes, mais leur conception et présentation suivent des règles précises. Elles doivent prendre en compte les goûts, le tempérament et les attributs symboliques du *Lwa* honoré. Lors d'une cérémonie, un *Lwa* peut s'introduire dans le corps d'un être vivant pour manger par sa bouche. Dans ce cas, c'est le *Lwa* qui profitera et qui ressentira l'effet des mets et non l'individu ou l'animal possédé.

En guise d'exemple en matière d'offrandes, on peut citer *Grande Brigitte*, maîtresse des cimetières, qui a une préférence pour la nourriture et les boissons si épicées, qu'elles seraient difficiles, voire impossibles à ingérer pour un être humain. Du jus de piment, de l'alcool infusé au poivre noir ou au piment auront de fortes chances de la contenter.

Prise en main du jeu

Conseils pour pratiquer ce jeu

- Utilisez cet oracle dans un endroit où vous vous sentez particulièrement à l'aise.

Pour de meilleurs effets, vous pouvez disposer des éléments liés aux cartes autour de vous, tels que de l'eau claire, des plantes, des bougies, des minéraux, etc.

- Gardez les yeux ouverts et laissez-vous guider par votre sensibilité et votre instinct.

Même si *L'Oracle d'Ayo* offre des pistes d'interprétations, je vous conseille vivement de suivre votre voix intérieure pour traduire vos tirages. Laissez les cartes et leurs symboles résonner en vous et vous guider vers ***votre*** interprétation, profonde et intime.

- *L'Oracle d'Ayo* n'a pas pour fonction première de vous faire entrer en contact avec les *Lwa*.

Les figures, symboles, chants et interprétations liés aux cartes ont pour but d'aider dans le cadre du développement personnel et de la divination. Vous êtes libre d'utiliser cet oracle autrement et à d'autres fins, mais agissez toujours avec prudence.

- Utilisez cet oracle avec respect et interrogez-le avec parcimonie, ne faites pas appel à lui pour des questionnements mineurs ou en étant en proie à des pensées malveillantes.

La spiritualité vaudou est en accord avec la logique du « semblable qui attire le semblable ». En d'autres termes : une énergie positive émise et une énergie positive reçue, une énergie néfaste émise et donc une énergie néfaste reçue. Prenez cela en compte si vous souhaitez utiliser ce jeu pour d'autres démarches spirituelles.

- Votre oracle n'est pas seulement un outil. Considérez-le comme un ami, une extension de vous-même partageant votre fluide. Parlez-lui avec la plus grande **honnêteté**, ses réponses n'en seront que plus claires.
- Si l'oracle ne vous donne pas de réponse satisfaisante malgré plusieurs tentatives, n'insistez pas et reposez-vous.

Contenu du jeu

« Ayo » est un nom yoruba signifiant « joie », un clin d'œil à cette spiritualité vivante qu'est le vaudou et à ses multiples origines. *L'Oracle d'Ayo* n'est pas seulement un jeu se composant de représentations, d'interprétations et de symboles, c'est aussi une histoire relatant les étapes d'une vie, des rencontres avec les *Lwa*, des peines et des joies, des échecs et des victoires. Ayo vous guidera avec ses paroles et ses chants uniques à chaque carte.

L'oracle d'Ayo compte en tout 31 cartes :

- 21 cartes *Lwa* proposant chacune des pistes d'interprétation différentes.

Les cartes des *Lwa* sont :

I – Legba ; II – Marassa-Dossa ; III – Loko ; IV – Ayizan ; V – Damballah-Wedo ; VI – Ayida-Wedo ; VII – Sobo et Badé ; VIII – Agassou ; IX – Agoué Taroyo ; X – La Sirène ; XI – Erzulie Freda ; XII – Bossou Trois Cornes ; XIII – Zaka ; XIV – Ogou Ferraille ; XV – Kalfou ; XVI – Grand Bois ; XVII – Erzulie Dantor ; XVIII – Baron Samedi ; XIX – Grande Brigitte ; XX – Les Guédé ; XXI – *Mèt Tèt*.

- 6 cartes d'*Ayo* représentant des grandes étapes de la vie. Cartes sans numéro, mais dotées d'une représentation des différentes phases de la Lune, elles peuvent à la fois donner un indice temporel dans un tirage, mais aussi de multiples pistes d'interprétation. Idéales pour les tirages concernant le type de période traversée par le consultant. Une carte d'*Ayo* peut, dans ce cas, être tirée indépendamment des autres types de cartes du jeu.

Les cartes d'*Ayo* sont :

L'Enfant, La Jeunesse, L'Avertie, L'Accomplie, L'Ancêtre, La Traversée.

- 4 cartes *Amulette* symbolisant chacune un domaine général d'interprétation. Cartes sans numéro, leurs représentations sont des dessins dorés sur un fond noir. Si ces cartes apparaissent dans un tirage, c'est qu'un événement positif ou négatif influencera le domaine auquel elles sont associées.

Les cartes *Amulette* sont :

Santé, Amour, Carrière, Fortune.

Types de cartes

Comme il a été spécifié précédemment, *L'Oracle d'Ayo* est constitué de trois types de cartes qui sont les cartes des *Lwa*, les cartes d'*Ayo* et enfin les cartes *Amulette*. Pour en savoir plus sur la symbolique de chacune d'entre elles, il faudra vous référer au chapitre « Histoire et interprétations du jeu ». Les trois types de cartes possèdent leurs propres particularités et nous les aborderons toutes dans ce sous-chapitre, en commençant par celles des *Lwa*.

Les cartes des *Lwa* représentent chacune un esprit du panthéon vaudou. Dans le sous-chapitre « Les cartes des *Lwa* », en plus de l'illustration, du nom et du numéro de la carte, vous trouverez les mots-clés qui lui sont associés. S'ensuivront les « Paroles d'Ayo », court texte offrant le point de vue d'Ayo, une jeune femme en quête de réponses, et dont l'histoire et les questionnements feront écho aux pistes d'interprétation de la carte.

Vient ensuite la partie « Interprétation », qui sera un véritable guide pour déchiffrer, comprendre et interpréter vos tirages. À la fin de ce descriptif, il sera précisé à quel genre de personne peut profiter l'énergie de la carte. En effet, tout comme chaque *Lwa* a sa fonction, toutes les cartes de cet oracle possèdent leur énergie propre, ce qui pourra favoriser vos liens avec certaines d'entre elles.

Cette partie importante sera suivie de la « Symbolique », qui dévoilera des particularités du *Lwa* représenté : sa nation, les couleurs et les objets qui lui sont associés, ses offrandes favorites et son *vévé*. Un « Chant » vient conclure le descriptif de la carte *Lwa*. Présent pour vous lier plus fortement à celle-ci et/ou pour aider à sa compréhension, il n'est pas obligatoire de le chanter. Il est possible de le lire, de le réciter comme bon vous semble, ou de vous en inspirer pour créer votre propre chant.

Les cartes d'*Ayo* suivent presque le même schéma que celles des *Lwa*, à la différence qu'elles n'ont ni numéro ni partie « Symbolique », étant donné qu'elles ne représentent pas de *Lwa* spécifique, mais des périodes de la vie. Il est possible de se servir de ces cartes comme repères temporels et pour des questions liées à l'étape que traverse le consultant et/ou à son mode de vie. Il vous faudra prendre connaissance des caractéristiques de la carte, de son explication, et ensuite, en suivant votre ressenti, mettre au point votre propre interprétation.

> Exemple pour un repère temporel : *L'Enfance, cette carte me rend heureuse et elle me renvoie à des souvenirs lointains. Elle peut donc faire référence à un événement passé, ou survenu lorsque j'étais plus jeune.*

Enfin, les cartes *Amulette* se focalisent sur des domaines plus larges d'interprétation qui sont : la Santé, l'Amour, la Carrière et la Fortune. Elles ne sont pas pourvues de « Paroles d'Ayo », de « Symbolique » et de « Chant ». Si ces cartes tombent dans un tirage, elles peuvent vouloir attirer l'attention sur les domaines qu'elles représentent.

Que ce soit pour les cartes des *Lwa*, d'*Ayo* ou *Amulette*, il sera important d'utiliser votre intuition et non votre raisonnement et ce, même si des pistes d'interprétation sont disponibles. Prenez le temps de découvrir chaque personnage, chaque symbole et de les laisser vibrer en vous. Il y aura de grandes chances pour que certaines cartes vous parlent plus que d'autres et c'est tout à fait normal, cela ne rendra vos tirages que plus profonds et précis. L'important, et le plus difficile, sera de mettre de côté les jugements biaisés. Ne jugez pas une carte tout de suite comme négative parce que vous identifiez les éléments qui la composent comme tels, et *vice versa*. Laissez à toutes les cartes une chance de vous parler.

Comme dit plus haut, toutes les cartes de *L'Oracle d'Ayo* ont leur énergie propre. Peut-être que l'une d'entre elles vous sera particulièrement favorable ?

Intuition et méthodes de tirages

L'Oracle d'Ayo donne la priorité à votre intuition. Allez à votre rythme, prenez le temps d'observer, de regarder tous les éléments présents sur les cartes. Lorsque vous en piochez une, posez-vous ces questions : Qu'est-ce que je ressens vis-à-vis de cette carte ? Que m'évoquent les éléments qui la composent et l'apparence des personnages ? Me ramènent-ils à une émotion particulière ? À un souvenir ? Ou me rappellent-ils un proche ? Quelle signification ont pour moi les couleurs présentes sur la carte ?

La première difficulté en fonctionnant de cette façon sera certainement d'éviter les jugements biaisés. Ne vous contentez pas d'estimer une carte de façon rationnelle, ou en vous basant uniquement sur vos préférences et *a priori*.

- Exemple de jugement faussé : *La carte « Les Guédé » représente une sorte de squelette. Elle ramène donc forcément à quelque chose de néfaste, car elle est liée à l'idée de la mort.*

Aucune carte de *L'Oracle d'Ayo* n'est plus néfaste qu'une autre, qu'importent les domaines auxquels elles sont rattachées. C'est la manière dont elle vous apparaîtra, la place qu'elle prendra dans vos tirages, qui vous donnera un indice sur la piste d'interprétation à privilégier.

Revoyons l'exemple précédent, mais en privilégiant l'intuition. J'ai demandé à une personne qui voyait cette carte pour la première fois de me donner ses premières impressions, mais en réfléchissant le moins possible. Voici ce qu'elle m'a répondu :

- *Son habit est particulier, il me laisse penser que ce personnage est important, que peut-être il s'agit d'une personne de pouvoir, avec beau-*

coup d'influence. Ses lunettes sont grandes, elles prennent de la place, pour moi elles représentent la clairvoyance. Je crois voir un reflet sur les verres, comme si le personnage me regardait et que mon visage se reflétait dans ses lunettes. J'ai l'impression que cette carte parle d'introspection et de lutte de pouvoir. Quand je vois la cigarette, je pense aussi à l'expression « Il n'y a pas de fumée sans feu ». Je crois que cette carte parle aussi de conséquences et d'une période qui se consume, qui se termine…

Voyez qu'en procédant de cette manière vous pourrez redécouvrir votre jeu, chaque carte aura une signification plus profonde. Cela pourra révéler de nouvelles pistes d'interprétation, uniques et intimes. Si vous êtes mal à l'aise avec cette façon de procéder, ou que vous avez du mal à lâcher prise, vous pouvez faire des entraînements quotidiens. Voici deux exemples d'exercices faciles pour faire parler votre intuition :

Exercice 1 : Celui-ci consistera à tirer une carte au hasard et à dire à voix haute le premier mot qui vous vient à l'esprit, de façon spontanée. Au fur et à mesure de l'exercice, ne vous contentez plus d'un mot, mais essayez d'en prononcer deux, puis trois, sans hésitation.

Exercice 2 : Piochez une carte, mais ne la découvrez pas. Gardez-la en main, concentrez-vous et dites à voix haute tout ce qui vous vient spontanément à l'esprit. Cela fait, regardez la carte, puis tentez de trouver le lien entre les paroles prononcées instinctivement et la représentation de la carte désormais découverte.

Même si *L'Oracle d'Ayo* en appelle à votre intuition et vous laisse libre de tirer les cartes comme vous le souhaitez, voici deux très simples méthodes de tirage auxquelles vous pouvez vous référer :

Tirage à trois cartes :

- Posez votre question tout en mélangeant les cartes ;
- Coupez le paquet, puis étalez les cartes en éventail ;
- Tirez trois cartes au hasard, avant de les positionner les unes à côté des autres dans l'ordre dans lequel vous les avez prises, comme sur le schéma ci-dessous :

Il s'agira maintenant de lire votre tirage, en prenant d'abord en compte l'ensemble des cartes. Les énergies de celles-ci vous semblent-elles harmonieuses ? Ou ressentez-vous plutôt de la dualité ? Prenez un temps d'observation, et si besoin référez-vous au chapitre « Histoire et interprétations des cartes ». Si malgré tout vous n'arrivez pas à obtenir de réponse claire, suivez cette procédure :

- La première carte représente la situation actuelle et l'état d'esprit du consultant ;
- La deuxième indique comment évoluera la situation ;
- La troisième est un conseil et une issue probable ;
- Si une des cartes vous interpelle, vous avez la possibilité d'obtenir plus de détails en la recouvrant par une autre.

Tirage à quatre cartes :

- Même début que le tirage précédent ;
- La première carte représente la source d'un problème et/ou d'une situation ;
- La deuxième carte indique ce sur quoi il faudra prêter attention ;
- La troisième carte montre les évolutions possibles ;
- La quatrième carte est un conseil global et une indication sur la meilleure manière d'agir à l'avenir.

Familiarisez-vous avec votre oracle et n'hésitez pas à tester d'autres méthodes, afin de trouver celle qui vous conviendra le mieux.

1 2 3 4

HISTOIRE ET INTERPRÉTATIONS DU JEU

Découvrez dans ce chapitre les 31 cartes de *L'Oracle d'Ayo*, ainsi que les histoires qui leur sont dédiées. Plongez-vous dans les regards des habitants de ce jeu, et entendez leurs conseils. L'un d'entre eux pourrait avoir un message n'attendant que vous.

Les cartes des *Lwa*

Je suis arrivée ici les mains vides, avec mon nom comme seul repère : « Ayo ». J'ai observé les cieux sans pouvoir les atteindre, j'ai bu à la source, parcouru la terre ; j'ai lié mon âme à ses origines.

Je me suis mise à regarder bien au-dessus de la montagne, dans le vol des oiseaux et les ondulations des serpents. J'ai tant appris que des portes se sont ouvertes sur l'impalpable. Mon corps de plomb s'est animé face au vent, ma voix s'est élevée à travers lui. J'ai appris à ne plus avoir peur par ignorance, car je suis faite de toutes les dualités de ce monde.

En me cherchant, j'ai retrouvé mon ancre, ce dont je suis faite : je suis Ayo. Je suis la joie, celle quand les *Lwa* sont présents, celle dans la reconnaissance d'un tout. La joie, à laquelle je ne renoncerais pour rien au monde, de peur de me perdre moi-même…

I - LEGBA

« Montre-moi le chemin. »

Mots-clés

Communication, changement, destin, leçon de vie, sagesse.

Paroles d'Ayo

Papa Legba, tu marches entre deux mondes. Je te vois appuyé sur ta canne, au croisement des chemins, veillant sur les portes menant à l'impalpable. Tu parles peu et n'en demandes pas beaucoup, mais tes paroles sont sages. Je ne me fie pas à ton âge, car même si tu te traînes à pas lents, je sais qu'il faut être puissant pour soulever les barrières.

Papa Legba, montre-moi le chemin sur le carrefour. Sois le lien entre les hommes et le pont entre les deux mondes. Que ta canne soit un appui pour les bons, mais qu'elle se dresse contre les mauvais. Empêche-les de passer.

Interprétation

Legba est le gardien des portes et des croisées des chemins. Il est celui parmi les *Lwa* qui est appelé et servi en premier, car aucune cérémonie ne peut avoir lieu s'il ne consent pas à ouvrir les barrières séparant le monde des esprits du nôtre.

Représenté sous les traits d'un vieil homme, posant ici avec sa pipe, sa canne et son chien, Legba est une figure paternelle puissante. Il symbolise la réflexion, la sagesse par la connaissance et l'expérience. La carte de Legba vous conseille de demeurer calme et attentif. Des choses pourraient être en train de se dérouler sous vos yeux, sans que vous en soyez conscient (relation à la dérive, perte de contrôle d'une situation, etc.). Cette carte indique qu'il est difficile, voire impossible d'avoir un contrôle total sur votre vie, que des énergies et des événements irrépressibles pourront bouleverser votre quotidien, et vous n'aurez pas d'autre choix que de vous adapter.

Cela dit, la carte de Legba rappelle que l'existence est loin d'être constante, il existe une multitude de chemins et de barrières à lever. Même si vous n'empruntez pas la route que vous vouliez au départ, ce n'est pas grave. Vous aurez l'occasion d'ouvrir des portes vers de nouvelles destinations et vous apprendrez du chemin parcouru. Legba vous conseille donc de lâcher prise, car la résistance serait bien plus terrible que le changement.

La carte de Legba rappelle toutefois qu'il est possible, et nécessaire, de garder conscience que tout chemin peut être amélioré. En gardant l'esprit clair, en faisant preuve de sagesse et de réflexion, les nouvelles barrières sur votre route ne vous paraîtront plus insurmontables et vous pourriez atteindre un équilibre favorable.

Protecteur des foyers, Legba prône la communication et vous incite à renouer avec les vôtres, à condition que votre démarche soit sincère. Cette carte vous invite également à vous rendre dans des lieux de rencontre, à ne pas avoir peur de tisser des liens et de parler avec franchise.

La carte de Legba veillera sur les pères et grands-pères, les chefs de famille (homme ou femme), ainsi que sur les personnes victimes d'actes de malveillance.

SYMBOLIQUE

NATION : Rada
COULEURS : Noir, blanc, brun
ATTRIBUT : Canne
OFFRANDES : Rhum, tabac, riz, sirop d'orgeat et de canne à sucre

Chant

Papa Legba,
Tu veilles sur le carrefour,
Et les clés des chemins.
Toi qui vois et entends tout,
Ouvre la barrière pour moi.
Je dois rejoindre ma route,
Celle qui mène au soleil.

II - MARASSA-DOSSA

« L'harmonie se préserve dans la dualité. »

Mots-clés

Harmonie, différence, loyauté, conflit, immaturité, hypersensibilité.

Paroles d'Ayo

Les adultes vous chérissent, petits Marassa, malgré vos caprices et vos taquineries. Ils vous couvrent de cadeaux, car ils savent que derrière vos visages angéliques se cachent des puissances insoupçonnées. Ne pleurez pas si l'on vous dit que vous êtes similaires, en réalité nous savons que vous êtes aussi différents que le jour et la nuit. Vous nous apprenez que l'harmonie se préserve dans la dualité.

Petits Marassa, l'enfant venue après vous perturbera-t-elle votre équilibre ? Ou est-elle l'élément qui entretiendra votre entente ?

Interprétation

Lwa puissants, les Marassa sont généralement représentés comme des jumeaux. S'ils sont trois, l'enfant qui vient après eux sera appelé *Dossa* si c'est une fille et *Dossu* s'il s'agit d'un garçon. Ce troisième enfant est bien plus puissant que ses deux aînés, car les pouvoirs des jumeaux sont réunis en lui et non plus divisés.

À la fois identiques et opposés, les Marassa-Dossa représentent l'équilibre, l'entente parfaite, mais aussi une solide alliance. Cette harmonie peut toucher tous les domaines : sentimental, amical, familial, professionnel ou financier. Cette carte symbolise donc des partenaires loyaux et des relations solides pour lesquelles la différence est un atout.

Cependant, le besoin de se démarquer des Marassa-Dossa peut parfois devenir viscéral et mener à des situations de conflits, parfois violents. Ainsi, cette carte de façon plus négative peut représenter un individu jaloux, peinant à se réjouir de la réussite d'autrui et/ou ayant sans cesse besoin d'attention. Elle peut aussi symboliser une profonde rivalité mettant une relation à mal.

La carte des Marassa-Dossa symbolise également des rapports de force, pouvant être parfaitement sains et équilibrés, ou à l'inverse complètement inégaux et injustifiés. Cette disparité pourrait être constatée au sein d'une famille, si deux personnes du foyer sont traitées différemment par exemple. Ou encore dans un contexte professionnel, quand un membre de l'entreprise se sent désavantagé par rapport à ses collègues. Quoi qu'il en soit, une impression d'injustice pourrait avoir l'effet d'une bombe, menaçant d'exploser à tout moment.

Afin d'éviter un événement catastrophique, il faudra très vite rééquilibrer les rapports entre les différents protagonistes du conflit. Si vous êtes dans une telle situation, les Marassa-Dossa vous conseillent de prendre du recul et de vous questionner. Par exemple : Suis-je vraiment à l'origine de ce conflit, ou en suis-je vraiment la victime ? Les torts sont-ils partagés ? Nos différences sont-elles surmontables ? Dois-je cesser de gaspiller mon énergie dans des altercations en désaccord avec mes principes ? Que puis-je faire pour me retrouver et/ou pour que nous puissions nous retrouver ?

Généreux et réceptifs, les Marassa-Dossa représentent également une sensibilité accrue. Si elle est comprise et maîtrisée, cette sensibilité peut être un atout au quotidien et vous rapprocher du monde qui vous entoure. Mais attention, cette carte peut également traduire un manque de maturité ou un tempérament impulsif, risquant de créer bon nombre de blocages (tous domaines confondus) et un gaspillage monumental d'énergie.

Cette carte veillera sur les enfants, les frères et sœurs, ainsi que sur les personnes sensibles et celles dotées d'un esprit de compétition.

Symbolique

Nation : Petro **Couleurs :** Toutes

Attributs : Deux œufs

Offrandes : Gâteau, bonbons, jouet, maïs grillé

Chant

Les petites Marassa ont deux visages,
L'un pour me faire connaître le jour,
L'autre pour me faire connaître la nuit,
Dossa me montre les étoiles,
Elle me montre les étoiles.

III - LOKO

« Je travaille sur toutes mes fondations. »

Mots-clés

Autorité, sérénité, engagement, succès, santé.

Paroles d'Ayo

Papa Loko, les forêts et les plantes te révèlent tous leurs secrets. Tu es sage de les écouter et puissant de savoir les utiliser. Pourrais-tu nous apprendre ? Enseigne à nos sages, Papa Loko, afin qu'ils puissent transmettre aux plus jeunes et que les sanctuaires soient remplis de tes connaissances.

Quand je me dirige vers le succès, je sais que tu n'es pas loin. Tu m'encourages à donner le meilleur de moi-même. Alors, je travaille pour mon avenir, pour mon entourage, pour atteindre la main des puissants. Je travaille sur toutes mes fondations, car c'est grâce à elles, tu me l'as dit, que je pourrai m'élever.

Interprétation

Époux d'Ayizan, Loko est associé à la végétation et à la guérison. Il est également le gardien des temples, car il est lié au *potomitan* ou « poteau-mitan », le pilier central dans le temple vaudou, autour et à la base duquel se font les danses, prières et offrandes.

Personnage stable et protecteur, Loko évoque l'ordre et la sérénité, mais il est aussi un guide et un enseignant remarquable. Cette carte représente donc une personne sage, respectable et un parent dévoué. Cependant, cette carte peut aussi révéler un tempérament excessivement autoritaire ou une volonté de maintenir le contrôle, en usant de discipline et de fermeté. La carte de Loko conseille de trouver l'équilibre entre dévouement et domination, afin de préserver ses relations d'éventuelles frictions.

L'engagement et le succès sont au centre de cette carte, pour laquelle les valeurs familiales et du travail sont essentielles. La carte de Loko peut donc inciter à bâtir des relations sérieuses, à « se ranger ». Elle met aussi en avant les réussites professionnelles, un objectif atteint et des capacités reconnues après avoir travaillé dur. De plus, Loko peut symboliser l'aide d'une personne de pouvoir, ou du moins assez bien placée pour permettre une élévation ou la saisie d'une opportunité avantageuse.

Loko a un lien particulier avec les plantes et il connaît leurs vertus curatives. De ce fait, cette carte peut encourager à faire attention à sa santé et à éviter les situations trop stressantes. N'oubliez pas que vous êtes important vous aussi, que votre travail et votre entourage ne doivent pas constamment passer avant vos propres besoins.

Personnage droit et vertueux, Loko vous décourage de faire preuve de malveillance, surtout à l'égard des plus jeunes. Cette carte portera chance aux enfants, aux malades et aux soignants, aux personnes justes et travailleuses.

SYMBOLIQUE

NATION : Rada **COULEURS :** Blanc, rouge, jaune

ATTRIBUTS : Poteau-mitan, *asson*

OFFRANDES : Herbes médicinales, riz, aliments crus, gâteau, rhum blanc

Chant

Papa Loko,
Il ne reste rien de mon temple d'autrefois,
Et alors que je pleurais, le vent est entré,
Il a caressé ma chair, éveillé mon âme.
Papa Loko,
C'est par l'épreuve que vient la renaissance,
Comme la forêt qui pousse sur ses cendres,
Ton enseignement se déploie avec le vent.
Papa Loko,
Que la brise porte loin ton message,
Qu'elle l'emmène aux quatre coins,
Ainsi tous pourront l'entendre.

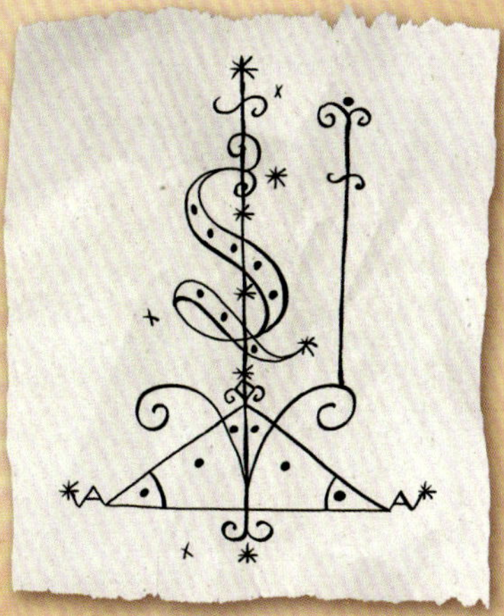

IV - AYIZAN

« J'apprends et réapprends de la nature
et de ma propre nature. »

Mots-clés

Protection, pureté, féminité, fertilité, commerce.

Paroles d'Ayo

Grande Ayizan, je t'ai vue dans les visages des femmes sur le marché. Je t'ai reconnue dans leurs rires, leurs histoires, et dans l'abondance de leurs étals. Je t'ai vue dans les récoltes, celles qui sont empruntées à la terre pour nourrir nos enfants.

Tu es vaillante, grande Ayizan. Le mal ne peut s'attarder en ta présence. Il file sous tes pas, laissant derrière lui le bonheur d'être soi. Comme tu me l'enseignes, j'apprends et réapprends de la nature et de ma propre nature. J'irai où la terre me porte, pour récolter les fruits de cet enseignement.

Interprétation

Patronne des commerçants, protectrice des marchés et épouse de Loko, Ayizan, ou *Aïzan*, est le principe féminin, là où son mari représente le principe masculin. À l'image de la « Terre Mère », Ayizan évoque la capacité de création, la fertilité, la fonction nourricière, d'où son lien avec les marchés.

Grande matriarche, la carte d'Ayizan symbolise la figure maternelle qui aime avec sincérité, protège, nourrit l'âme et instruit. Cette carte évoque le besoin de se reconnecter aux siens, d'aimer sans retenue, de guider autrui dans son chemin de vie. En plus d'inciter à être généreux envers les autres, cette carte vous conseille de vous montrer bienveillant envers vous-même, de renouer avec votre sensualité et de reconnaître aussi bien votre beauté intérieure qu'extérieure.

Bonne enseignante, Ayizan encourage à se rapprocher de la nature et, tout comme elle, à accepter le cycle de la vie et tous les bouleversements que cela amène. Ainsi, cette carte démontre qu'autant corps et esprit doivent être maintenus en mouvement. Il faut apprendre et réapprendre sans cesse de son environnement pour pouvoir s'élever, et faire preuve d'initiative et de force de travail pour être récompensé.

Liée à la fertilité et à la pureté, cette carte peut annoncer la naissance d'un enfant, d'un projet, voire d'une entreprise. Plus négativement, elle peut prévenir que de mauvaises énergies sont à l'œuvre. Ces forces néfastes peuvent être émises par des personnes malintentionnées, un environnement négligé, ou encore un manque de soin envers sa personne. Pour remédier à cela, cette carte vous conseille de vous « purifier », en nettoyant votre cadre de vie, en éliminant les indésirables de votre entourage et en prenant soin de vous.

La carte d'Ayizan accompagne les femmes, les mères, les travailleurs et entrepreneurs.

Symbolique

Nation : Rada **Couleur :** Blanc

Attributs : Feuille de palmier, laurier blanc

Offrandes : Eau, riz blanc, igname

Chant

Ayizan regarde à travers la feuille de palmier,
Elle y voit la naissance, la mort, l'initiation,
Elle voit tout à travers cette feuille.
Ayizan se promène le long du marché,
Elle y voit le fruit de nos récoltes,
Et nous apprend à les semer de nouveau,
À les semer de nouveau.

V - DAMBALLAH-WEDO

« J'apprendrai à reconnaître le bonheur. »

Mots-clés

Bonté, connaissance, création, sérénité, abondance.

Paroles d'Ayo

Damballah-Wedo, tu relies la terre et les eaux. Tu te reposes au fond des bassins, puis remontes pour rejoindre le temple. Tu écoutes patiemment, conseilles avec sagesse et agis avec bienveillance.

Tu me dis que la joie n'est jamais loin, Damballah-Wedo, qu'elle se trouve dans chaque recoin de ma maison, dans chaque période de la vie, même si certaines nous paraissent plus sombres que d'autres. J'apprendrai à reconnaître le bonheur, je le transformerai en gratitude, en amour, en bienveillance et en chanson. Je le distribuerai ici et là et j'en garderai suffisamment pour paver les chemins de mon existence.

Interprétation

Souvent symbolisé par un serpent constricteur, tel qu'un boa, parfois par une couleuvre, Damballah-Wedo, ou *Danbala-Wedo*, rampe aussi bien sur la terre qu'il nage dans les eaux. Époux d'Ayida-Wedo, il est l'esprit de la bonté et de la connaissance.

La carte de Damballah-Wedo porte des messages hautement positifs. Elle annonce un but atteint, la réalisation de tous les possibles, une

VI - AYIDA-WEDO

« Je dois reconnaître la renaissance après ma destruction. »

Mots-clés

Bonheur conjugal, chance, optimisme, richesse.

Paroles d'Ayo

Ayida-Wedo, j'ai vu se dessiner l'arc-en-ciel qui relie la rivière et les nuages. J'ai vu ton corps entourer le monde, le recréer à l'infini, l'abreuver de pluie et l'inonder de richesses. Ayida-Wedo, tu me répètes que rien n'est jamais perdu. Là où un monde s'écroule, il peut en renaître un nouveau. Je dois suivre cet exemple et accepter le cours du temps. Je dois reconnaître la renaissance après ma destruction.

Interprétation

Serpent céleste, *Lwa* du ciel, des eaux douces et des tempêtes, Ayida-Wedo est l'épouse de Damballah-Wedo et, tout comme lui, elle est représentée par un serpent vivant dans les eaux. L'union de ces deux *Lwa* prend la forme d'un arc-en-ciel : pont entre la terre, l'eau et le ciel. Ils sont à eux deux le symbole de la création.

Figure optimiste, la carte d'Ayida-Wedo vous conseille en période difficile de rester réceptif, de garder un comportement positif. Cette carte veut vous faire comprendre que selon le regard que vous posez sur un problème, il peut soit revêtir la forme d'un fardeau insurmontable, soit celle d'un véritable tremplin. Elle indique qu'à tout problème sa solution et que pour la saisir, il faut rester à l'affût, se montrer déterminé et ouvert à toutes les possibilités.

La carte d'Ayida-Wedo proscrit le laisser-aller, les comportements excessivement négatifs. Si vous êtes entouré de personnes ayant ce genre d'attitude, Ayida-Wedo vous conseille de poser des limites, afin de vous protéger de leur influence. Si, à l'inverse, c'est vous qui êtes en proie à ce genre de comportement, une remise en question, une nouvelle motivation, ou demander l'aide d'une personne extérieure peut avoir un impact positif et vous aider à avancer.

Croyez en vous et croyez en vos rêves... C'est ce que vous chuchote la carte d'Ayida-Wedo. En vous montrant authentique, lucide et optimiste, la chance vous sourira. D'ailleurs, cette carte annonce également des événements bénéfiques pouvant survenir après une période complexe. Ce souffle favorable annonce un moment idéal pour faire de nouveaux projets, de nouvelles rencontres, pour vous reposer et renouer avec vos proches. Elle peut aussi annoncer un gain d'argent ou une situation financière passant de catastrophique à satisfaisante.

Aimante et dévouée, Ayida-Wedo représente aussi des relations sincères et bienveillantes, un couple qui se porte bien et qui communique avec franchise. Elle peut aussi annoncer une future rencontre pouvant déboucher sur une belle relation, à condition de faire preuve de transparence.

Cette carte accompagnera les personnes optimistes et celles voulant devenir parents.

Symbolique

Nation : Rada   **Couleurs :** Blanc, bleu

Attributs : Serpent, ciel, arc-en-ciel

Offrandes : Aliments blancs (riz, noix de coco, farine, lait, œuf...)

Chant

Ayida-Wedo rampe en sifflant,
Pour devenir l'arc-en-ciel,
Créant le pont entre le ciel et la terre,
Et unissant ainsi les mondes.
Son corps est fait de pluie et de lumière,
Et sa présence réveille la vie,
Faisant jaillir des sources et des rivières,
Et créant les couleurs de la terre.

VII - SOBO ET BADÉ

« Je veux saisir l'épée qui tracera mes chemins. »

Mots-clés

Force, vigueur, assurance, contrôle, séduction.

Paroles d'Ayo

Le tonnerre est toujours accompagné par le vent. Sobo et Badé viennent dans un fracas de triomphe. La foudre fend la terre sous leurs pas, leur ouvrant des routes inconnues. Sobo et Badé, vous êtes de fiers soldats ! Vous ne cessez de conquérir les cieux et les cœurs des femmes. S'il vous plaît, insufflez-moi un peu de votre courage ! Je ne veux plus avoir peur ni du ciel, ni de mon âme qui gronde. Je veux saisir l'épée qui tracera mes chemins, entendre les cœurs battre à tout rompre et me livrer aux passions.

Interprétation

Sobo est le *Lwa* du tonnerre et de la foudre, tandis que son frère Badé est le *Lwa* du vent et des tempêtes. Tous deux sont représentés comme de fiers généraux, l'un fixant l'avenir, épée à la main, l'autre jetant un regard inquisiteur vers le consultant.

Personnages forts et aux tempéraments de guerriers, Sobo et Badé représentent ici le parfait contrôle de soi, de ses capacités, mais aussi de son environnement. Ils symbolisent la force aussi bien physique que psychique, la vigueur et la motivation nécessaire pour faire bouger les choses dans votre sens. Si vous souhaitez prendre l'avantage sur une personne ou dans une situation, la carte de Sobo et Badé vous conseille de prendre votre courage à deux mains et d'agir efficacement et sans plus attendre.

Cette carte évoque l'importance d'un équilibre et d'une bonne mesure de confiance en soi, de détermination et de vigueur. Si une de ces qualités vient à manquer, ou à prendre trop d'ampleur chez une personne, cela risque de conduire à des réactions et comportements inadaptés (égocentrisme à outrance, forte impulsivité, inertie, etc.). Veillez donc à garder le contrôle de vous-même et de vos émotions, en trouvant l'équilibre entre corps, âme et mode de vie.

Grands séducteurs ayant du succès auprès de la gent féminine, la carte de Sobo et Badé évoque un besoin de plaire et un grand pouvoir de séduction. Elle peut indiquer du succès dans le domaine sentimental ou une personne ne pouvant pas passer inaperçue, grâce à sa prestance et à la manière dont elle occupe l'espace et la conversation. Célibataire ou non, cette carte vous recommande de vous mettre plus en avant, de ne pas vous écraser face à la concurrence et de chasser vos craintes. Vos qualités ne tarderont pas à être reconnues et vous pourriez attiser des passions et des envies insoupçonnées.

Enfin, cette carte symbolise une progression, que ce soit dans une relation ou dans le domaine professionnel, à l'image d'une promotion par exemple. Cette progression se fera certainement par étapes, mais vous en serez à l'origine.

Même s'il vous semble que votre vie est régie par les autres ou par des événements incontrôlables, la carte de Sobo et Badé tient à vous rappeler que le pouvoir est entre vos mains ! Vous pouvez reprendre le contrôle à tout moment, à force d'assurance et de détermination.

Cette carte accompagne les personnes ayant la volonté de reprendre le contrôle de leur vie, de faire bouger les choses dans leur sens ou dans le sens commun.

Symbolique

Nation : Rada **Couleurs :** Jaune, rouge
Attributs : Foudre, tenue de général
Offrande : Sans préférence

Chant

Sobo et Badé,
De vos cris naît la tempête,
Faites que l'orage n'atteigne pas ma maison,
Mais que les éclairs illuminent mon chemin.
De vos cris naît la tempête,
Faites que le vent n'abîme pas mes cultures,
Mais qu'il me pousse vers la bonne direction.

VIII - AGASSOU

« Toutes les expériences renforcent ma cuirasse. »

Mots-clés

Tradition, racine, soulagement, douleur, vengeance.

Paroles d'Ayo

Agassou, tu as une panthère pour parent, voilà d'où te viennent ta rage et ton adresse. Tu sautes de branche en branche, grimpes avec aisance et trouves demeure au fond des eaux. Tes ennemis ne te voient jamais venir, Agassou, ta lance les trouve toujours en premier. Fais qu'elle se dresse contre les traîtres et les mauvais, que ton bouclier protège les innocents, qu'il apaise leur douleur et leur apporte le soulagement.

Dans ton combat, Agassou, tu ne dédaignes pas le passé, car il est une source intarissable de connaissance. Tu m'enseignes que toutes les expériences renforcent ma cuirasse et que bientôt, elle sera capable de me protéger de bien des maux.

Interprétation

Selon les légendes, Agassou serait l'enfant d'une princesse et d'une panthère, ou le fruit de l'union d'un roi du Dahomey avec un esprit de la nature. Il est considéré comme le roi d'une ancienne et énigmatique secte africaine, la société des « Hommes-panthères ».

Sur la demande d'Ayida-Wedo, Agassou aurait voyagé à dos de crabe, d'Afrique jusqu'en Haïti, afin de venir en aide aux victimes de l'esclavage et de leur apporter connaissance et pratique du vaudou. Pour cela, Agassou est considéré comme le *Lwa* gardien des traditions. Selon les régions, il est lié à l'image de la panthère, ou à celle du crabe.

La carte d'Agassou symbolise la puissance et le fait d'entreprendre une réflexion et/ou un combat. Elle vous encourage à vous affirmer en faisant preuve de sagesse, de force et de courage. Si un événement passé vous a atteint au point que vous vous sentez aujourd'hui affaibli, cette carte vous dit de ne pas abandonner, et de ne jamais cesser d'avancer. Le combat sera certes difficile, mais vous êtes capable de surmonter les obstacles et d'obtenir reconnaissance et justice.

La carte d'Agassou symbolise également le retour à ses racines, mais aussi le besoin d'affirmer ses idéaux. Elle évoque une envie de s'en remettre aux anciens et au passé, afin de mieux avancer. Attention toutefois à garder un esprit lucide et votre indépendance. Tirer leçon du passé ne veut pas dire qu'il faut arrêter de vivre au présent. Au contraire, il faudra vous servir de vos nouvelles connaissances et expériences, afin de prévoir votre futur.

Silencieux et agile, Agassou représente également un esprit tactique ou manipulateur. Cette carte peut prévenir qu'un ennemi se cache dans l'ombre et elle vous conseille de faire preuve de discrétion et de prudence.

La carte d'Agassou peut accompagner les soldats, les tacticiens et les personnes sur le chemin de la reconstruction.

Symbolique

Nation : Rada **Couleurs :** Blanc, brun, or

Attributs : Panthère, crabe

Offrandes : Banane plantain, riz blanc, boisson non alcoolisée

CHANT

Agassou peut voir de loin,
Du haut des arbres,
Et du fond des eaux.
Va-t-il nous apprendre
À grimper jusqu'à la cime,
Et à boire à la rivière ?
J'aimerais apprendre
À voir au-delà de la forêt,
Et à me baigner dans la source.

IX - AGOUÉ TAROYO

« Lorsque je partirai, ce sera pour ne plus revenir. »

Mots-clés

Énergie, liberté, voyage, bouleversement, révélation.

Paroles d'Ayo

Agoué, j'ai vu ton bateau accoster dans le port. Tes canons étaient braqués vers l'horizon. En le voyant, j'ai songé à l'aventure, à la perspective d'innombrables découvertes. Peut-être aurai-je un jour le courage de prendre le large et de suivre le soleil à bord d'un navire chargé de poudre et de merveilles. Fais que la mer soit calme, Agoué, car lorsque je partirai, ce sera pour ne plus revenir...

Interprétation

Agoué Taroyo, ou *Mèt Agwe Tawoyo*, est le *Lwa* de la mer mais aussi des eaux douces, le maître des îles, le protecteur des pêcheurs et l'époux de La Sirène. Aux commandes de son propre navire, il vogue avec rage sur son domaine. L'on dit qu'il serait possible d'entendre les coups de ses canons au cœur des tempêtes...

La carte d'Agoué représente des énergies puissantes et pouvant difficilement être limitées. De manière négative cette carte pourrait donc évoquer des émotions particulièrement intenses et ingérables, des événements ou des révélations venant bousculer votre quotidien et vous submerger.

Autrement, la carte d'Agoué peut symboliser un besoin viscéral de liberté, d'aventure et de découverte. Si vous avez le sentiment de stagner et de vous ennuyer dans votre vie actuelle, cette carte vous presse d'opter pour le changement, quitte à le provoquer. La carte d'Agoué vous chuchote de prendre le large et de réaliser vos rêves, mais pour cela, il vous faudra sortir de votre zone de confort, et surtout, prendre des décisions franches. Vous avez un voyage en tête et vous n'osez pas sauter le pas ? N'attendez plus et foncez ! Votre relation amicale/sentimentale ne vous convient plus depuis longtemps ? Mettez-y fin, sans un regard en arrière.

Enfin, cette carte peut vous indiquer qu'un torrent d'énergie sommeille en vous et n'attend qu'à se montrer et à s'exprimer. S'il ne sort pas, cela risque de faire bien plus de mal que de bien. Le fait de garder un lourd secret, par exemple, peut être usant. Cette énergie intérieure peut également être liée à des traumatismes, des émotions, une personnalité, voire une identité refoulés. Ce fardeau pourrait créer un comportement déstabilisant (excès de violence et de colère, rancune, profonde tristesse…). La carte d'Agoué vous conseille alors de prendre conscience de ce mal-être et de l'exprimer, afin de vous libérer de ce trop-plein d'émotions néfastes.

La carte d'Agoué portera chance aux voyageurs, aux pêcheurs et aux marins.

Symbolique

Nation : Rada **Couleur :** Bleu-vert

Attributs : Bateau, océan, tenue d'amiral

Offrandes : Champagne, viande de mouton, aliments dans une petite barque à mettre sur l'eau

Chant

Oh Agoué, l'ennemi a pris la mer,
Mais je l'attends de pied ferme,
Mes canons sont prêts,
Braqués vers l'horizon, vers le soleil.
Oh Agoué, entends-tu le bruit de son arrivée,
Le son des voiles qui claquent ?
Mais je l'attends de pied ferme,
Mes canons sont prêts,
Braqués vers l'horizon, vers le soleil.

X - LA SIRÈNE

« Alors je baignerai mon âme, pour que les flots révèlent ses joyaux. »

Mots-clés

Inconscient, introspection, féminin sacré, intuition, gain.

Paroles d'Ayo

Maîtresse La Sirène, je me rends souvent au large, puis me plonge dans l'océan en espérant te rencontrer. Ton domaine est-il fait de perles et d'or ? Ton chant heurte-t-il les bateaux et calme-t-il l'orage ? La Sirène, me guideras-tu vers les trésors cachés ? Non pas ceux remplis d'or et d'argent, mais ceux chargés de souvenirs et de savoirs sacrés. Aide-moi, La Sirène, à me réconcilier avec moi-même, avec mes pairs et mes racines. Fais que sortir de l'eau devienne une renaissance, alors je baignerai mon âme, pour que les flots révèlent ses joyaux.

Interprétation

La Sirène, ou *Lasirèn*, est une femme d'une grande beauté, aussi dangereuse que généreuse. Épouse de l'esprit de la mer, Agoué Taroyo, elle est la *Lwa* des trésors aquatiques, de tout ce qui se cache au fond de l'eau. Protectrice envers les femmes, elle veille également sur les hommes en mer.

La carte de La Sirène symbolise l'inconscient, les trésors enfouis au fond de chacun d'entre nous et qui n'attendent qu'à être découverts. Par le lien qui unit La Sirène avec la mer et l'esprit qui la personnifie, cette carte représente également l'origine de la vie. Elle attire l'attention sur vos racines, votre relation avec vos parents, mais surtout avec votre mère. Autant ces liens familiaux et surtout maternels peuvent être bénéfiques et vous pousser sur le bon chemin, autant ils peuvent faire des ravages et être à la source de nombreux blocages.

Si vous vous sentez dériver, sans défense, s'il vous semble perdre totalement le contrôle, la carte de La Sirène encourage l'introspection. Elle vous conseille de partir à la découverte de vous-même et de prendre conscience de ce que vous êtes, de tout ce qui vous compose, mais aussi de vos difficultés inconscientes. Ne craignez pas de regarder en face vos aspects les plus sombres, car ce n'est que comme cela que vous arriverez à les comprendre et à les apaiser. Une fois que vous serez en accord avec chaque facette de vous-même, vos blocages disparaîtront, laissant place à la confiance et au bien-être.

Carte aux énergies fortement féminines, La Sirène symbolise ici une sensualité profonde, ainsi qu'une confiance en soi renouvelée, vous permettant de vous affranchir et de vous épanouir dans tous les domaines.

Personnage mystérieux, la carte de La Sirène évoque aussi l'intuition, les mouvements et la transformation de l'esprit. Elle peut symboliser une renaissance psychique, une période inspirante favorisant la création et le débat, mais aussi un besoin de calme, afin de vous retrouver et de vous ressourcer.

Les bijoux qu'arbore La Sirène représentent son lien avec les trésors. Cette carte peut donc également symboliser une situation financière avantageuse, ou un gain d'argent inespéré.

La carte de La Sirène veille sur les femmes, les enfants, les pêcheurs et les marins.

Symbolique

Nation : Rada **Couleurs :** Bleu clair, blanc

Attribut : Sirène

Offrandes : Riz au lait, dragées, sirop d'orgeat, miroir, peigne, bijoux, coquillages

Chant

La Sirène, tu coiffes tes cheveux avec un peigne doré.
Combien de trésors caches-tu sous ta robe d'écume ?
La Sirène, tu marches sur la mer au son des canons,
S'il te plaît, fais-les taire pour que l'orage se calme.
Quand les vagues s'agenouilleront devant toi,
Ô Maîtresse La Sirène,
Je plongerai chercher mon trésor.

XI - ERZULIE FREDA

« Je veux rassembler et aimer chaque fragment de moi-même. »

Mots-clés

Amour, désir, richesse, superficialité, jalousie.

Paroles d'Ayo

Grande Erzulie, tu es couverte d'or. Les larmes que tu as pu verser autrefois se sont depuis transformées en merveilles. Tu es aussi forte que belle, Grande Erzulie, tu inspires autant l'amour que le respect. Beaucoup aimeraient te ressembler, belle déesse, et pouvoir être aimés sans lassitude ni tourment. Apprends-moi, si tu le veux bien, à aimer sans plus attendre, à connaître autant de plaisirs que mon corps est capable d'en apprécier. Je veux rassembler et aimer chaque fragment de moi-même, les contempler, puis les exposer aux cœurs aimés.

Interprétation

Erzulie Freda Dahomey, ou *Erzili Freda Dahomin*, compagne d'Ogou, mais aussi maîtresse d'Agoué Taroyo et de Damballah Wedo, est la *Lwa* de l'amour et de la beauté, en plus d'être liée à la chance, à l'abondance, à la fertilité, ainsi qu'aux domaines du luxe.

La très séduisante Erzulie incarne le désir, l'amour dans le sens physique, mais aussi les sentiments passionnés que vous entretenez pour une personne et que vous aimeriez recevoir en retour. La carte d'Erzulie Freda peut faire part d'une belle relation, authentique, sous le signe de l'harmonie et ayant de fortes chances de durer dans le temps. Elle peut également annoncer une union, l'officialisation d'une relation, voire une déclaration.

Si vous êtes amoureux et que vous hésitez à révéler vos sentiments, la carte d'Erzulie Freda vous dit qu'il est peut-être temps de sauter le pas, mais avec délicatesse et assurance. Elle vous conseille également d'apporter de la fraîcheur dans vos relations, en prenant soin de vous, de votre environnement, en vous montrant attentionné et à l'écoute. Cette carte appuie sur l'importance de la séduction, mais aussi du paraître. Que vous soyez en couple ou non, ou qu'il s'agisse du domaine amical, sentimental ou professionnel, Erzulie vous fait savoir que votre façon de vous comporter et de vous présenter aura un fort impact, positif ou négatif.

Attention cependant aux comportements superficiels ou pervers. Même si cette carte accorde une importance particulière à l'apparence, elle prévient également que de trop fortes attentes ou une tendance au jugement pourront être à l'origine de grandes déceptions. Elle évoque aussi la tromperie et des individus nocifs. Gare à ceux qui, sous couvert de bonnes intentions, vous demandent des choses inacceptables, ou se plaignent sans cesse sans pour autant fournir d'effort. Dans ces cas-là, Erzulie vous conseille de vous diriger vers des profils de personnes plus aimables et positives.

De nature coquette, Erzulie aime les belles choses. Sa carte peut donc représenter l'opulence, la richesse, voire la chance aux jeux. Elle symbolise les plaisirs d'ordre matériel et charnel ; ainsi, elle vous recommande de vous libérer de vos tabous et de vous essayer à de nouvelles choses, plus excitantes, pouvant révéler votre sensualité.

Erzulie n'aimant pas la rivalité, cette carte symbolise aussi l'envie et la jalousie excessive. Elle pointe du doigt un comportement autodestructeur, mais elle peut aussi représenter une personne manquant d'assurance, se comparant fréquemment aux autres et désireuse de vouloir prendre ce qui ne lui appartient pas. Attention à ce genre de rivalité toxique ; la carte d'Erzulie Freda vous dit de prendre de la distance avec ce genre de comportements et de les corriger de façon ferme.

La carte d'Erzulie Freda vous guide vers une reconnaissance de vous-même. Elle met en avant l'importance d'apprendre à vous aimer sans retenue. Apprenez à adorer votre corps et à jouir de vos atouts !

Cette carte veille sur les hommes, les amoureux sincères, les prostitués et ceux qui se sentent malchanceux.

Symbolique

Nation : Rada **Couleurs :** Rose, blanc, bleu clair, or

Attributs : Cœur, bijoux

Offrandes : Parfum, bijoux, miroir, roses rouges ou roses, eau de rose, jolie bougie, tranches d'ananas

Chant

Belle Erzulie, de l'or de ta tête
jusqu'à tes pieds,

S'il te plaît, fais-en tomber sur moi,

Que mon lit ne soit plus baigné
de larmes,

Fais que le soleil sèche mes draps,

Qu'il me réchauffe, de ma tête
jusqu'à mes pieds.

XII - BOSSOU TROIS CORNES

« Ma force réside aussi dans mes actions. »

Mots-clés

Protection, sexualité, force, impulsivité, violence.

Paroles d'Ayo

Dans un champ, je fais face à un étrange taureau. Ses yeux dans les miens, le vent sort de ses naseaux. Il s'avance vers moi, trois cornes vers le ciel. Son nom, il me le dit dans un grand beuglement. Bossou, tes sabots font trembler la terre, ton corps est puissant, tes cornes courbées visent déjà tes rivaux. Face à ton apparence de titan, je me plains en disant que je suis bien faible ! Mais quand je te demande d'ouvrir la barrière qui se dresse devant moi, tu m'apprends, grand taureau, que ma force réside aussi dans mes actions. Bossou, je retiendrai la leçon, mes cornes naissantes seront désormais rivées vers le ciel.

Interprétation

Parfois représenté comme un homme ayant trois cornes au sommet du crâne, Bossou Trois Cornes, ou *Bosou Twa Kon*, fait partie d'une famille de *Lwa* taureaux. D'un caractère abrupt voire violent, il est cependant très protecteur envers ses fidèles.

La carte de Bossou symbolise la force brute, l'impulsivité et la vigueur, elle met en avant les failles et les atouts d'ordre physique, mais jamais ce qui touche au domaine intellectuel. Cette carte peut représenter une personne au tempérament sanguin, avec laquelle les échanges sont loin d'être de tout repos, mais aussi désigner un individu solide, pouvant vous faire bénéficier de son aide et de sa protection.

Si cette carte vous donne une impression positive ou si elle se trouve dans un bon jeu, alors elle peut indiquer une santé robuste, la sécurité et une énergie débordante, éveillant la libido et favorisant les rapports charnels. Si le tirage dans lequel entre Bossou vous semble négatif, alors cette carte dénonce un comportement passif et une inactivité physique. Elle peut aussi prévenir d'une dégradation au niveau de la santé, de la perte d'une faveur, ou de la diminution de votre influence. Quoi qu'il en soit, Bossou vous encourage toujours à prendre le taureau par les cornes, à ne pas vous laisser piétiner par autrui ou déborder dans votre quotidien. Montrez-vous ferme, car cette carte vous fait comprendre qu'il vous faut agir sans crainte et aller droit au but si vous voulez reprendre l'ascendant dans une situation.

Attention toutefois à ne pas agir dans un accès de colère et de violence, car la carte de Bossou symbolise aussi le manque de réflexion. Prenez donc garde à vos pulsions ! Canalisez-vous et faites en sorte que la colère et toute autre émotion et ressentiment deviennent un moteur et non un fardeau.

La carte de Bossou défendra ardemment les déterminés, ceux qui luttent et agissent.

Symbolique

Nations : Rada, Petro
Couleur : Rouge
Attributs : Taureau, trois cornes
Offrandes : Rhum, herbes

CHANT

Le taureau fait trembler la terre,
Ses trois cornes dressées vers le ciel.
Bossou piétine toutes les barrières,
Sa colère se dirige vers mes ennemis,
Et enfonce les portes sur mon chemin.
Le taureau fait trembler la terre,
Ses trois cornes dressées vers le ciel.

XIII - ZAKA

« Grand est l'esprit qui s'étend comme la terre. »

Mots-clés

Labeur, régularité, sociabilité, ouverture, avarice.

Paroles d'Ayo

Cousin Zaka, à ton passage, les récoltes sont bonnes et les bêtes robustes. Tes poches sont pleines, mais tu préfères dormir sans lit et sans toit, les montagnes et les chemins étant tes demeures. Tu es bon avec les gens, tu les instruis sur le travail de la terre, tu les encourages avec ta bienveillance et ton rire. Tu nous apprends que la solution réside parfois dans une vie simple, que grand est l'esprit qui s'étend comme la terre, que bonnes sont les âmes qui donnent sans condition. Enseigne-nous, Cousin Zaka, à récolter les fruits de notre labeur, à aimer la terre autant que notre prochain.

Interprétation

Zaka, *Azaka* ou *Kouzen Zaka* est le patron des paysans, le *Lwa* de l'agriculture et de la récolte. Grand travailleur, il protège les champs, ainsi que les élevages. D'un tempérament paisible et bienveillant, il revêt l'aspect d'un simple ouvrier fumant la pipe ou d'un voyageur arpentant les montagnes.

Figure proche de la terre, la carte de Zaka symbolise le travail acharné et le fruit de votre labeur. Elle indique que vous finirez par obtenir le résultat de vos efforts à force de constance et de patience. Pour cela,

Zaka vous conseille tout de même de faire preuve d'organisation et de régularité. Si vous traversez une période difficile et qu'il vous semble que tous vos efforts sont vains, alors la carte de Zaka vous suggère de revoir vos plans et de remettre votre façon de faire en question.

Doux et bienveillant, Zaka vous invite à reprendre votre vie sociale en main, à explorer, voyager, sortir, à faire de nouvelles connaissances et à renouer avec celles perdues de vue. C'est peut-être le bon moment pour essayer de nouvelles choses, organiser un voyage, ou juste pour vous détendre et vous amuser ! La carte de Zaka vous fait savoir que la sincérité, l'ouverture et la légèreté seront des atouts bénéfiques qui vous permettront de vous épanouir et/ou d'obtenir des opportunités inespérées.

Attention aux relations étouffantes ! La carte de Zaka prône l'ouverture et les échanges avec les autres, mais vous conseille aussi de prendre garde aux amis, amours ou parents possessifs. Prenez également vos précautions avec les communautés. Fuyez les groupes ou les relations qui vous enferment plus qu'ils ne vous éveillent.

Lwa malicieux, préférant faire la manche plutôt que de montrer l'étendue de sa fortune, Zaka représente aussi un individu avare. Cette carte peut donc symboliser une relation intéressée voire creuse. Plus positivement, la carte de Zaka peut indiquer un atout caché, une aide extérieure qui vous sera précieuse ou encore une récompense reçue, après un bienfait donné.

Cette carte veille sur les mendiants, les voyageurs, les ouvriers et ceux qui travaillent la terre ou qui veulent s'en rapprocher.

Symbolique

Nation : Rada **Couleurs :** Brun, vert, bleu indigo

Attributs : Pioche, serpe

Offrandes : Pipe et tabac, absinthe, Clairin, maïs bouilli, riz, igname

CHANT

Cousin Zaka, toi qui parcours la montagne,
Dis-moi si tu vois mon champ de là-haut.
Il n'est pas bien grand,
Et mes récoltes tardent à pousser.
Mais dis-moi si tu vois mon champ de là-haut.
Certains ricanent à le voir si modeste,
Mais je suis fière de mes premiers bourgeons.
Cousin Zaka, toi qui parcours la montagne,
Dis-moi si tu vois mon champ de là-haut.

XIV - OGOU FERRAILLE

« Le véritable courage est celui d'être humain. »

Mots-clés

Combat, dévotion, justice, fanatisme, violence.

Paroles d'Ayo

Ogou Ferraille, ta monture brûle le sol de ses sabots, ses flancs sont gonflés et ses naseaux écumants. Derrière toi se dressent tes fidèles, ils te suivent vers un juste combat. Tu écartes pour eux les ronces et les barrières. En feras-tu de même pour moi ?

Ogou Ferraille, tes bras sont puissants et porteurs de justice, mais ton cœur est aussi grand et sage. Dans les francs combats que tu mènes, tu nous dévoiles ta force d'âme. Combattre pour le sang est vain, se battre pour la paix est essentiel, mais le véritable courage est celui d'être humain.

Interprétation

Les Ogou, ou *Ogun*, sont à l'origine des *Orishas*, des divinités de la mythologie yoruba. Les *Lwa* de ce groupe sont le plus souvent des guerriers, liés au fer, au feu et à la forge. D'autres sont proches de la nature et troquent volontiers leurs sabres contre des plantes. Ogou Ferraille, ou *Ogou Feray*, est lui-même un guerrier redoutable et dévoué. Il lutte pour la justice et prend la défense des innocents et des misérables. Il compte pour épouses Erzulie Freda et Erzulie Dantor, mais sa passion pour les femmes le pousse à fréquemment demander des humaines en mariage spirituel.

La carte d'Ogou Ferraille représente la lutte, pour vous-même, pour votre entourage ou encore pour une cause chère à vos yeux. Elle vous invite également à vous préparer à la confrontation ou à une situation dans laquelle il vous faudra faire preuve de courage, vous montrer ferme et assuré. Le « combat » que vous allez mener vous semblera peut-être vain ou difficile, mais l'affrontement est parfois inévitable, surtout si vous souhaitez avancer et vous protéger.

Fervent guerrier, Ogou Ferraille met ici en avant les valeurs telles que la dévotion. Cette carte peut représenter une personne de confiance, sur laquelle vous pourrez compter. Dans un tirage considéré comme négatif, cette carte représente plutôt une personne ayant du mal à penser et à agir par elle-même, un esprit arrêté ou une conduite à la limite du fanatisme. Dans ce dernier cas, cette carte vous conseille de toujours veiller à laisser de la place pour les idées nouvelles, pour l'avis et les émotions d'autrui. Elle peut aussi vous inciter à vous éloigner des personnes voulant à tout prix vous inculquer leurs valeurs, tout en décrédibilisant les vôtres.

Carte liée à la justice, elle peut aussi annoncer une procédure juridique ou un jugement, voire une punition sévère. De manière plus symbolique, elle prévient de conséquences découlant d'actes passés. Dans un tirage ressenti comme positif, la carte d'Ogou Ferraille peut évoquer une justice rendue, une vérité révélée et des coupables punis. Autrement, cette carte peut prévenir d'une volonté de rendre justice soi-même. Attention dans ce cas aux éclats de violence ! Parfois, le pardon et faire des compromis peuvent garantir une paix durable, même si cela demande un effort certain.

La carte d'Ogou Ferraille marchera aux côtés des innocents, des justiciers et des personnes accusées à tort.

Symbolique

Nation : Rada **Couleur :** Rouge
Attributs : Machette, sabre, rhum, guerrier, général
Offrandes : Rhum, tabac, foulard rouge, machette, métal, riz aux haricots

Chant

Ogou Ferraille, grand guerrier,
Ta lame est en fer, ton corps est en acier,
De ta forge naissent le feu et l'orage.
Forge-moi une lame ardente et brillante,
Avec elle, je pourrai tracer des sentiers,
Devant elle, tous ne diront que la vérité.

XV - KALFOU

« Les plus grandes ambitions ont leur propre morale. »

Mots-clés

Ambition, magie, choix, égoïsme, conséquence.

Paroles d'Ayo

Quand la croisée est sous la lune et que ta silhouette se dessine, je garde le silence. Kalfou, quelle triste nouvelle nous apportes-tu ? Quelles sombres figures t'accompagnent ? Tu me dis de ne pas m'inquiéter, que le malheur est la base du renouveau.

Lorsque je te fais part de mes requêtes, Kalfou, tu me regardes sévèrement. Tu m'enseignes que tout a un prix, que les plus grandes ambitions ont leur propre morale. Suis-je seulement prête à assumer mes actes ?

Interprétation

Maître des sorciers, *Mèt Kalfou* (« Maître Carrefour ») sait parfaitement manier les charmes et toutes sortes de maléfices. Il est l'incarnation des croisées de chemins, et pour cela certains le considèrent comme le jumeau maléfique de Legba, le *Lwa* gardien des carrefours. Pour d'autres, Legba et Kalfou sont deux entités bien distinctes.

Alors que Legba ne traiterait qu'avec les esprits bienveillants, Kalfou, quant à lui, aurait le contrôle sur les esprits belliqueux et serait en mesure de les faire passer dans notre monde. Même s'il nie fermement travailler avec les démons ou en être un lui-même, Kalfou reste un *Lwa* autant craint que respecté. Afin de ne pas attirer son courroux, il vaudrait mieux ne pas l'invoquer, ou alors garder le silence lors de ses apparitions ou possessions. Toutefois, sa venue serait parfois un signe de chance. Autant Kalfou peut être impétueux et radical, autant il peut sincèrement se montrer protecteur et souhaiter la chance à ses fidèles.

Même si Kalfou est un *Lwa* inquiétant, il joue un rôle dans l'équilibre du monde et il est l'essence même de la magie. De ce fait, la carte de Kalfou peut représenter une énergie spirituelle ne demandant qu'à s'éveiller, ou une forte intuition qui vous guidera dans la bonne direction. Cependant, elle symbolise également une remise en question de vos acquis, une invitation à voir les épreuves comme une forme de changement nécessaire et la destruction comme un renouveau. La carte de Kalfou vous dicte de tirer un trait sur certaines de vos convictions et/ou sur une aspiration qui ne saurait être atteinte. Par exemple : l'espérance d'un amour qui demeurera non réciproque, une volonté de faire changer une personne, s'entêter à prendre un chemin de vie qui ne vous correspond pas, etc.

La carte de Kalfou peut symboliser une personne neutre ou sans aucun sens moral. Elle peut également révéler un égoïsme certain et une ambition si forte qu'il peut en découler de la malveillance et de l'agressivité. Attention à garder les pieds sur terre, partir à la poursuite de vos rêves peut avoir un lourd prix à payer et la carte de Kalfou vous demande si vous êtes réellement prêt à l'assumer.

Si vous traversez une période difficile, la carte de Kalfou vous incite à régler la situation sans prendre de pincettes. Il est temps de faire un choix crucial et de réunir toutes vos forces pour vous libérer de vos entraves.

La carte de Kalfou surveille de près les ambitieux et ceux ayant recours à la magie.

Symbolique

Nation : Petro **Couleurs :** Noir, rouge
Attributs : Croisement, lune
Offrandes : Aliments rouges

Chant

Kalfou n'est pas loin,
La croisée est sous la lune,
Je vais devoir traverser,
Mais je ne m'attarderai pas,
Car les portes s'ouvrent grandes,
Dans la nuit, révélant mes requêtes,
Mais je ne m'attarderai pas.
La croisée est sous la lune,
Kalfou n'est pas loin…

XVI - GRAND BOIS

*« Je goûterai au repos
à l'écart des chemins. »*

MOTS-CLÉS

Nature, réflexion, repos, guérison, décalage, asociabilité.

PAROLES D'AYO

Grand Bois, tu veilles sur la forêt et nous gratifies de ses bienfaits. Apprends-moi à en prendre soin, à reconnaître la vie dans l'herbe que je foule, à accepter que certaines choses doivent rester indomptables. Tu murmures que le bonheur ne se trouve pas dans l'excès, que les vies les plus simples sont souvent les plus abondantes. Comme toi, Grand Bois, je veillerai sur ma nature, j'atteindrai la cime des arbres les plus imposants et je goûterai au repos à l'écart des chemins.

INTERPRÉTATION

Grand Bois, ou *Gran Bwa*, est un *Lwa* farouche, maître des forêts et des végétaux, protecteur des animaux et de la nature sauvage. Il serait très âgé, pourtant doté d'une force incommensurable. Proche de la nature et de tout ce qui la compose, Grand Bois est, comme le *Lwa* Loko, un guérisseur connaissant par cœur le pouvoir des plantes.

Figure aussi sage qu'imprévisible, la carte de Grand Bois peut représenter une sorte de décalage entre votre vision du monde et celle de votre entourage. Cette dissonance peut aussi être liée à une façon de penser, à une volonté ou une idéologie en désaccord avec votre mode de vie actuel. Dans ce cas, la carte de Grand Bois vous invite à vous questionner sur vos besoins fondamentaux, à vous demander de quoi vous avez réellement besoin et à vous débarrasser du superflu. Il est temps de renouer avec votre instinct et vos valeurs profondes, afin de construire votre propre chemin de vie.

Le décalage qu'annonce la carte de Grand Bois peut également être accompagné d'un sentiment de solitude et de rejet, d'un besoin de vous retrouver face à vous-même. Bien que ce comportement puisse avoir un effet positif, attention tout de même à la tentation de vous couper totalement du monde et de devenir « sauvage ». Suivre votre propre voie devrait vous motiver à vous ouvrir et à vous épanouir pleinement et non pas à vous renfermer plus que de raison... Grand Bois vous encourage donc à trouver l'équilibre entre réflexion, action, solitude nécessaire et ouverture sur le monde.

Esprit proche de la nature, la carte de Grand Bois exprime également un besoin de vous rapprocher de la nature et de vous ressourcer. Prenez le temps de vous relaxer, de parcourir des lieux où la végétation est abondante. Cette carte vous incite aussi à vous rendre compte de toutes les merveilles dont regorge le monde, et vous dit de ne pas vous fixer sur le négatif, mais d'apprendre à reconnaître et à profiter des joies et des bienfaits que nous offre l'univers.

Enfin, la carte de Grand Bois peut annoncer une forme de guérison (physique, spirituelle...), mais aussi la réponse d'une longue réflexion et l'atteinte d'une certaine maturité, vous éloignant des attitudes superficielles.

La carte de Grand Bois veillera sur les personnes proches ou voulant se rapprocher de la nature, et sur celles qui aspirent à un bonheur simple.

Symbolique

Nation : Petro **Couleurs :** Vert, brun
Attributs : Arbre, plantes
Offrandes : Plantes, feuilles, cigare, rhum épicé, Clairin

Chant

J'entends Grand Bois,
Sur le sommet des arbres,
Entre les herbes,
Il fait chanter le vent,
Il fait frissonner les feuilles,
Il est partout,
Ouvrant toutes les portes.
Je laisserai le vent souffler,
Laisserai la nature entrer,
Qu'elle pénètre mon temple,
Et abonde en son sein.

XVII - ERZULIE DANTOR

« Il est temps d'être moi-même. »

Mots-clés

Féminité, indépendance, travail, maternité, agressivité.

Paroles d'Ayo

Dague à la main, tu restes silencieuse, le regard planté dans le feu et dans le soleil. Erzulie Dantor, ton regard est fiévreux et ton cœur est brûlant. Dresse ta dague contre les ennemis de tes enfants et apprends-leur à se battre pour eux-mêmes. Enseigne-moi aussi à me libérer de mes entraves, puis à brûler ce qu'il en reste ! Il est temps d'être moi-même et d'arpenter les chemins que mes propres mains auront creusés.

Interprétation

Lwa muette et balafrée, souvent représentée avec sa fille dans les bras et une dague à la main ou à la ceinture, Erzulie Dantor, ou *Ezili Danto*, est une *Lwa* profondément maternelle, ainsi qu'une guerrière vengeresse et acharnée. Elle compte entre autres pour époux Ogou Ferraille, qu'elle partage avec Erzulie Freda. À l'inverse de sa rivale, Erzulie Dantor n'a que peu d'intérêt pour la séduction, la beauté et les convenances.

On raconte que c'est Erzulie Freda qui lui aurait infligé ses cicatrices à la suite d'une dispute, ou encore, qu'Erzulie Dantor aurait combattu pendant l'indépendance haïtienne avant de devenir une *Lwa* après sa mort. Selon les versions de l'histoire, Erzulie Dantor se serait fait couper la langue par ses propres compagnons, afin qu'elle ne révèle aucun de leurs secrets. Pour d'autres, c'est un esclavagiste qui lui aurait fait cela en guise de punition. Quoi qu'il en soit, Erzulie Dantor est aujourd'hui la représentation de la figure féminine forte, combative et indépendante. En plus d'être une farouche protectrice des femmes et des enfants, certains la considèrent également comme la patronne des lesbiennes.

Travailleuse acharnée, Erzulie Dantor vous incite à prendre votre vie en main, à devenir autonome et à grandir par vos propres moyens, sans avoir à vous appuyer sur autrui. Elle vous rappelle que la solution à un problème ne se trouve pas forcément chez les autres, mais que vous possédez également les atouts nécessaires pour le résoudre. La carte d'Erzulie Dantor vous avertit que le chemin à parcourir pour mener vos projets à bien ou pour atteindre l'indépendance sera certainement long et pénible, mais que vous parviendrez à vos fins à force d'acharnement.

En plus d'être une figure forte et autonome, Erzulie Dantor est également dévouée à sa cause et à ses enfants. Pour cela, cette carte peut symboliser une personne fidèle et serviable, tenant un rôle primordial au sein de son foyer, communauté, équipe, etc. Cette carte peut aussi représenter la maternité, la mère louve par excellence, et/ou une relation fusionnelle avec des enfants ou des membres de votre entourage. Attention cependant aux comportements excessivement protecteurs.

Enfin, la carte d'Erzulie Dantor encourage à sortir du moule, à cesser de craindre le regard d'autrui et à se livrer à la passion, à l'amour sans tabou. Elle peut également pointer du doigt un certain mal-être, à l'origine d'un comportement agressif et difficilement contrôlable.

Faites donc attention à ne pas vous renfermer sur vous-même et à ne pas rejeter sans cesse les mains tendues vers vous. Accepter de faire de la place à autrui et revoir votre mode de vie ne mettra pas forcément à mal vos choix et votre indépendance.

La carte d'Erzulie Dantor veillera sur les homosexuels, toutes les femmes et les enfants, ainsi que sur les hommes qui les protègent et les aiment sincèrement.

Symbolique

Nation : Petro **Couleurs :** Rouge, bleu roi, or

Attributs : Poignard, cœur blessé par une dague

Offrandes : Tabac, café noir, crème de cacao, raisin rouge, vin rouge, griot haïtien (plat haïtien à base de viande de porc marinée)

Chant

Erzulie Dantor, tu berces l'enfant,

Dans tes bras, il n'a rien à craindre.

Le feu, le vent, la pluie ne peuvent rien faire,

Dans tes bras, il est en sécurité.

Transmets ton courage à nos enfants,

Que tes enseignements se propagent,

Que ta protection touche notre foyer.

Erzulie Dantor, tu berces l'enfant,

Dans tes bras, il n'a rien à craindre.

XVIII - BARON SAMEDI

« Avant que ma tombe ne soit creusée, je veux avoir vécu mille fois. »

Mots-clés

Plaisir, sexe, fertilité, excès, mort, résurrection.

Paroles d'Ayo

Baron Samedi, tes yeux se perdent derrière tes verres opaques. On dit que tu sors de l'eau les âmes oubliées et qu'elles trouvent leur place dans ta *nation*. Quelle famille bruyante as-tu là ! On ne sait si ses membres sont bien morts ou vivants.

Vous êtes de toutes les fêtes, même celles où vous n'êtes pas invités. À boire, à danser, à manger tous les plats sur la table. Voici une grande leçon que vous me donnez là ! Car la mort n'est pas froide et triste comme je l'imaginais, mais la joie peut se cacher derrière elle. J'apprendrai alors à rire après les pleurs, à renaître après la mort. Avant que ma tombe ne soit creusée, je veux avoir vécu mille fois.

Interprétation

Les Barons, ou *Bawon*, sont un groupe de *Lwa* puissants de la nation Guédé, et Baron Samedi en est certainement le membre le plus célèbre. *Lwa* de la mort et de la résurrection, juge des défunts, Baron Samedi est aussi considéré comme le père spirituel des Guédé. Avec l'aide de sa femme, Grande Brigitte, il rassemblerait dans cette nation les âmes perdues des trépassés.

Aussi impartial qu'obscène, Baron Samedi est également reconnu pour son humour et son rapport aux plaisirs sensuels. Il est l'instinct qui, afin d'éloigner la peur de la mort, ou pour mieux s'y préparer, pousse les êtres à profiter de l'instant, à se vouer à toutes sortes d'excès, particulièrement au sexe. Baron Samedi est le *Lwa* qui témoigne du rôle érotique de la mort.

La carte de Baron Samedi peut prévenir d'un sort inexorable, d'un événement ou d'une chose dont vous ne pourrez pas vous soustraire, quoi que vous fassiez (accident, fin d'une relation, fin d'une carrière, deuil, etc.). Mais plutôt que de lutter et de vouloir en vain éviter ou repousser le changement, la carte de Baron Samedi vous conseille de lâcher prise et d'accepter ces événements. Cette carte veut vous faire comprendre que la vie n'est pas immuable, que parfois il vaut mieux laisser « mourir » certaines choses, afin de mieux renaître.

La carte de Baron Samedi est donc aussi liée à la résurrection. Elle peut symboliser le renouveau, la seconde chance après la destruction et la transformation citées plus haut. Elle représente la fécondité, mais aussi les plaisirs de la vie. La carte de Baron Samedi vous encourage à profiter de l'instant, à vous libérer de vos tabous et à laisser une place à l'érotisme et à la redécouverte de vos sens.

Attention toutefois à ne pas tomber dans l'excès ! En effet, cette carte peut révéler de sombres penchants et une personnalité immodérée, superficielle et profondément égoïste. Jouir des plaisirs de la vie peut être bénéfique, mais la carte de Baron Samedi vous prévient quant au risque de sombrer dans une addiction, le déni et la stagnation. Le plaisir ne doit pas vous aider à fuir, car tout comme la mort, le changement et ses conséquences sont inévitables.

Cette carte accompagnera volontiers les épicuriens et les personnes à la recherche de plaisirs légers.

Symbolique

Nation : Guédé **Couleurs :** Noir, violet

Attributs : Cercueil, crâne, croix funéraires, chapeau haut-de-forme

Offrandes : Cigare, cigarette, café noir, piment, plats épicés, lunettes de soleil

Chant

Baron Samedi,
Tu portes des lunettes ébréchées,
Ainsi, tu peux voir à travers les deux mondes.
Je dois aussi briser mes verres,
Pour comprendre où je dois me résigner.
L'abandon n'est peut-être pas une fin,
Une offrande peut être une renaissance.

XIX - GRANDE BRIGITTE

« Les voix du passé me feront marcher vers l'avenir. »

Mots-clés

Soutien, compréhension, ancêtre, avenir, naissance, deuil.

Paroles d'Ayo

Grande Brigitte, tu veilles depuis ton arbre sur le bon repos des morts. Tu aimes que leurs tombes soient abondamment garnies de croix et d'offrandes. Tu es bien prévenante avec les défunts, je devrais en faire de même. Mais parfois, Grande Brigitte, j'ai peur de me rendre sur tes terres et d'y voir les fragments du passé.

Je t'entends dire que je n'ai rien à craindre, que les morts ont bien mieux à faire que de m'effrayer, que mes peurs intestines sont celles que je crée. Tu as raison, Grande Brigitte, les défunts n'y sont pour rien. Plutôt que de fuir, je devrais écouter. Les voix du passé me feront marcher vers l'avenir, car même les fleurs fanées renaissent sur les terres du repos.

Interprétation

Grande Brigitte, *Gran Brijit* ou *Maman Brijit,* est la maîtresse des cimetières et la propriétaire exclusive de ceux dont la première tombe est occupée par une femme. Elle est aussi la gardienne des pierres tombales, la mère spirituelle des Guédé et la partenaire de Baron Samedi. Avec son mari, elle regroupe les âmes en peine, afin de les réunir dans leur nation.

Puissante et respectée, Grande Brigitte parle toutefois un langage grossier. Bien qu'elle soit étroitement liée à la mort et au deuil, elle représente aussi la régénération, l'acte sexuel et l'instinct de reproduction, permettant à la vie de continuer à travers la descendance.

Là où la carte de Baron Samedi indique un événement hors de contrôle, la carte de Grande Brigitte symbolise un soutien, un guide lors du changement. Elle peut représenter une personne honnête et impartiale, dans la capacité d'aider autrui. Elle peut aussi annoncer un événement positif inattendu venant pallier une situation désagréable, ou encore une forme d'aide et de protection (judiciaire, physique, spirituelle, etc.).

Si vous traversez une période difficile, cette carte vous encourage à la réflexion et à la recherche d'un équilibre entre action et tempérance, témérité et prudence, recul et progrès. Grande Brigitte vous fait savoir que sans une bonne compréhension de votre situation et de vos blocages, il vous sera extrêmement difficile d'y remédier. Ainsi, dans un tirage ressenti comme négatif, cette carte peut mettre l'accent sur les peurs intimes, le sentiment d'impuissance, les barrières inconscientes qui retardent ou empêchent toute forme de progression. La carte de Grande Brigitte peut donc vouloir indiquer qu'il est temps d'affronter vos démons, d'apprendre à les décrypter et de les accepter, avant d'espérer une évolution.

Carte liée à la mort, mais aussi à la reproduction, Grande Brigitte peut symboliser à la fois le deuil et la naissance. Cette carte interroge votre lien avec les défunts et les vivants, le passé et le futur. Avez-vous peur de la mort ? Craignez-vous de reproduire les erreurs de vos aïeux ? Arrivez-vous à visualiser l'avenir et à vous ancrer dans le présent ?

La carte de Grande Brigitte vous conseille de ne pas offrir trop de place au passé et aux morts, sans pour autant totalement leur tourner le dos.

La mort n'est pas une maladie transmissible et le passé n'est pas un cycle sans fin, mais tous deux peuvent être une source incommensurable de courage et d'enseignements pour l'avenir. Songez au passé avec recul, écoutez la voix de vos ancêtres et de votre entourage avec prudence, et avec les leçons que vous en tirerez, bâtissez un futur vivant et unique.

Cette carte peut accompagner les personnes à la recherche d'un guide, d'un soutien, mais également celles se sentant manipulées.

Symbolique

Nation : Guédé

Couleurs : Noir, violet

Attributs : Cercueil, crâne, croix funéraires, coq noir

Offrandes : Piment, plats épicés, rhum infusé au poivre noir ou au piment, fleurs séchées

Chant

Grande Brigitte, tes cheveux deviennent fous,

Le jus de piment ne brûle pas tes lèvres,

Ton haleine est chaude, capable de réveiller les morts.

Puis-je leur demander de parler du passé ?

Que mes aïeux me montrent où se lève l'aurore,

Qu'ils me montrent le chemin à emprunter.

Loin des fleurs fanées, près des bourgeons,

Là où après le repos, la terre devient fertile.

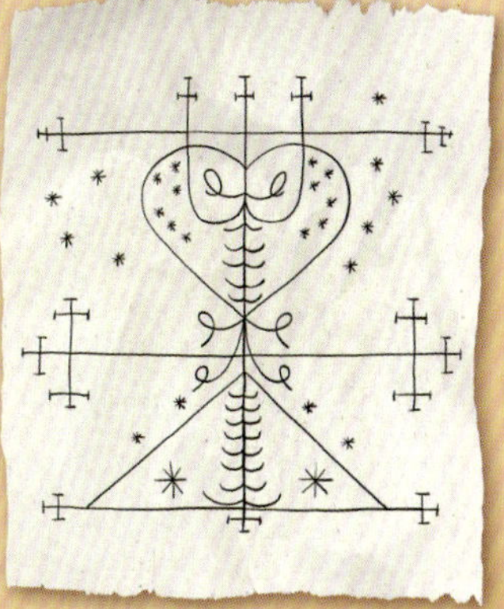

XX - LES GUÉDÉ

« J'explorerai les frontières et les cultiverai entièrement. »

MOTS-CLÉS

Déconstruction, connexion, allié, protection, préjugé, limite.

PAROLES D'AYO

Vous êtes les oubliés, vos noms se sont perdus, votre lignée s'est éteinte. Vous avez sombré dans les eaux abyssales et avez levé vos mains dans l'espoir que l'on vous sorte de là. Votre vœu a été exaucé. On vous a remontés et vous avez pu embrasser la surface. Vous n'avez plus rien à craindre maintenant, c'est pourquoi vous riez autant, et lors des fêtes, vous ne vous arrêtez plus de danser. Vous n'avez plus peur de rien, la vie et la mort sont les plus grandes étapes et vous les avez toutes passées.

Si j'avais un tel courage, j'aurais depuis longtemps traversé le monde, contemplé chaque parcelle. Mais mes craintes me clouent sur place et mes préjugés forment des barrières. J'aimerais les enfoncer, ouvrir les portes et lever mes bras pour que l'on me sorte de l'eau. Si j'atteins la surface, sans clous ni barrières, alors j'explorerai les frontières et les cultiverai entièrement.

INTERPRÉTATION

On dit que lorsque les morts ne sont pas convenablement honorés et qu'ils tombent dans l'oubli, leurs âmes restent piégées éternellement dans les eaux qui parcourent les entrailles de la terre. Cependant, deux

Lwa particulièrement puissants, Baron Samedi et Grande Brigitte, s'appliquent à sortir de l'eau ces âmes égarées, afin de les réunir sous une seule et même bannière : celle de la nation Guédé.

Les membres de cette famille sont particulièrement nombreux et tapageurs. Ils aiment danser et s'amuser à outrance, mais ils sont également très attentifs aux appels des vivants. Ils apportent volontiers leur aide, offrent de bons conseils et peuvent servir d'intermédiaires entre les mondes. Ce sont de loin les *Lwa* les plus accessibles et hétéroclites de toutes les nations.

La carte des Guédé se focalise sur ces esprits libérés des eaux. Elle met à la fois l'accent sur leur côté morbide et leur caractère facétieux. Ainsi, lumière et ténèbres se rejoignent dans cette carte et questionnent vos limites, vos peurs et préjugés. Elle vous invite à déconstruire votre manière de voir le monde et d'agir en son sein. De cette façon, vous aurez la possibilité de faire bouger vos frontières intimes, de les abattre ou de les reconstruire, de créer des portes afin de mieux vous connecter au monde et plus facilement tisser des liens avec autrui. La carte des Guédé vous fait comprendre que même si vous avez l'impression d'être limité dans votre existence, ou non adapté à votre mode de vie, vous avez toujours une possibilité de créer des portes de sortie, de pousser les barrières, de cultiver votre réflexion et votre environnement.

Très bons conseillers, les Guédé peuvent ici représenter un soutien inattendu et qui vous viendra en aide, dès lors que vous ferez appel à lui. Cependant, il est possible que cet allié ne se montre pas sous le jour que vous espériez. Ne soyez donc pas dans le jugement et laissez une chance aux mains qui se tendent vers vous.

Enfin, cette carte peut vouloir vous faire comprendre que quelqu'un veille sur vous ou qu'un défunt réclame votre attention. Serait-il temps d'aller fleurir une tombe ?

Cette carte veillera sur les personnes endeuillées et sur les individus en proie au doute.

Symbolique

Nation : Guédé **Couleurs :** Noir, violet

Attributs : Cercueil, crâne, croix funéraires

offrandes : Tabac, piment, plats épicés, patate douce, Clairin

Cette carte touchant un très large groupe de *Lwa,* elle ne sera pas associée à un *vévé* spécifique.

Chant

Les âmes bavardes peuvent observer en silence,
Elles sont derrière l'autel, dans la forêt et les troncs,
Elles se cachent derrière les feuilles, l'herbe et les rochers.
Les âmes bavardes peuvent observer en silence,
Elles sont dans la source, le courant et sur la rive,
Elles se reflètent dans le sourire des aïeux et des enfants.
Les âmes bavardes peuvent observer en silence,
Leurs paroles sont gravées sur l'autel et les troncs,
Elles sont écrites sur les feuilles et les rochers,
De la source à la rive et des aïeux aux enfants.

XXI - MÈT TÈT

« Je te sens plonger dans mes larmes pour les rendre moins amères. »

Mots-clés

Protection, amour sincère, épanouissement, chance, manque d'écoute.

Paroles d'Ayo

Je sens ta présence dès l'aurore, lorsque mes paupières frémissent. Tu fais lever le soleil pour moi. Je te sens au-dessus de ma tête, occupé à chasser les angoisses qui me perdent. Quand elles sont trop nombreuses, j'ai peur de ne plus jamais pouvoir t'entendre. Je te sens plonger dans mes larmes pour les rendre moins amères, te glisser sur mes lèvres pour y hisser un sourire. Je te sens, et pour cela, je renoncerais à te voir. Je te discernerai dans le lever des jours, te chercherai dans mes ténèbres et te trouverai dans mes plaies.

Interprétation

Chaque personne a son *Mèt Tèt* (« Maître de la Tête »). Il s'agit d'un esprit tutélaire, profondément connecté à un individu depuis sa naissance. Ce *Lwa* très personnel s'ajoute à ceux que l'on hérite de nos parents, de notre lignée et communauté. Il porte le nom de *Mèt Tèt*, car les *Lwa* auraient tendance à se coller aux têtes des vivants.

Véritable guide et protecteur, ce *Lwa* fera en sorte de toujours guider la personne à laquelle il est attaché vers un destin bénéfique. Toutefois, il n'est pas aisé pour un humain de savoir entendre et écouter les conseils de son ou ses gardiens. Les signes peuvent être trop subtils, ou la personne trop insensible aux avertissements. Quoi qu'il en soit, le *Mèt Tèt* vous connaît mieux que personne et fera tout ce qui est en son pouvoir pour vous protéger et vous apporter son aide.

Carte aux énergies intimes et positives, le *Mèt Tèt* symbolise la protection, l'amour inconditionnel et un destin favorable. Cette carte dans un jeu ressenti comme positif peut vouloir dire que toutes les chances sont désormais de votre côté. Comme si tout était parfaitement aligné et qu'il n'y avait plus qu'un pas à faire pour obtenir la réussite et l'épanouissement. C'est le moment de mener vos projets et vos envies à bien ! Votre chemin de vie s'ouvre à vous et votre gardien vous pousse à l'emprunter sans plus attendre.

Cette carte indique également un signe qui s'offrira à vous et qui vous guidera dans la bonne direction. Il vous insufflera l'inspiration nécessaire pour créer et concrétiser de nouvelles idées. Soyez à l'affût, regardez le monde avec la plus grande attention et restez bien à l'écoute de vos voix intérieures. Votre gardien peut vouloir vous faire passer un message !

La carte du *Mèt Tèt* symbolise un amour pur, elle peut donc représenter une personne tenant profondément à vous et avec laquelle vous pourrez nouer des liens indissolubles. Si vous aviez des craintes vis-à-vis du fait d'être aimé, ne doutez plus ! Votre *Mèt Tèt* vous fait savoir que votre présence compte, plus que vous ne pouvez l'imaginer.

Dans un tirage ressenti comme plutôt négatif, la carte du *Mèt Tèt* peut aussi indiquer un manque d'écoute et de sensibilité. Elle vous interroge sur votre sentiment d'appartenance au monde. Êtes-vous suffisamment connecté à vous-même, aux autres et à votre environnement ? Par quel moyen pouvez-vous apprendre à mieux ressentir et à mieux écouter ?

Symbolique

Cette carte est particulière, car elle ne comporte pas de symbolique ni de *vévé* comme la majeure partie des cartes *Lwa* précédentes. Les *Mèt*

Tèt sont difficilement identifiables et propres à chaque individu, il n'y avait donc pas lieu de les rattacher à des attributs spécifiques.

Chant

Du lever d'un soleil au coucher d'un autre,
Tu reposeras sur ma tête, formant ma couronne.
Ouvre le chemin, que mes ombres s'écartent,
Que tes paroles me guident et lèvent le voile.
Sois le bateau qui attend sereinement sur les flots,
Que je puisse suivre l'étoile jusqu'à la rive.
Du lever d'un soleil au coucher d'un autre,
Tu reposeras sur ma tête, formant ma couronne.

Les cartes d'Ayo

L'homme observa le visage du nourrisson, caressant ses paupières qui s'ouvrirent brusquement, révélant de grands yeux noirs qui le firent entrer dans une contemplation passionnée. Il soupesa ensuite le petit corps et s'étonna de sa légèreté. Tout à coup, il fut assailli par de terribles pensées et d'absurdes inquiétudes de père :

— Et si l'enfant tombait, se briserait-il ?

— Non, répondit sa femme.

— Et si le vent soufflait… l'emporterait-il avec lui ?

La femme secoua la tête et l'homme, rassuré, se laissa submerger par un élan de bonheur. Il colla son front contre celui de sa fille et, à cet instant, le sol sous ses pieds disparut. Les quatre murs de la pièce s'effacèrent, leurs corps de chair se fondirent dans l'air. Ils avaient atteint cet entre-deux-mondes, et ils étaient le lien, le pilier d'amour.

— Ayo, dit le père, nous t'appellerons Ayo. La vie ne te brisera pas, le vent ne t'emportera jamais, la lumière ne te quittera plus. Chaque étape de ton existence sera bénie par les *Lwa*, car ton âme est déjà grande et elle grandira encore. Là où les Hommes verront des épreuves, toi tu verras une évolution ; là où ils bâtiront des barrières, tu concevras des chemins. Et lorsqu'ils t'accableront de haine, toi, tu te hisseras dans l'impalpable, dans le grand tout. Tu trouveras la cité de tes ancêtres, celle qui pousse entre les racines et le soleil. Entends-tu, ma fille ? Ils t'appellent déjà…

L'ENFANT

« Je suis à la fois le résultat et le début d'un cycle parfait. »

Mots-clés

Régénération, création, transformation, honnêteté, mouvement.

Paroles d'Ayo

Je peux voir l'aube grandir et les matinées de mon enfance se dessiner. J'entends les voix qui portent, je sens l'étreinte d'un proche. Si mon bonheur est vrai et limpide, mon chagrin l'est tout autant. Alors ne raillez pas mes rires, mes peurs ou mes larmes. Mes émotions sont vives, mais c'est ainsi que j'apprends et que je trouve ma place dans ce monde.

Entre mes bras, j'ai deux poussins et un œuf que je protège comme un parent devrait le faire pour moi. Ils symbolisent la fécondité, la régénération et même la résurrection, à l'image de la nature qui renaît au printemps après l'hiver.

Certes, je suis insouciante et je manque encore d'affirmation, mais je suis également animée par une puissante intuition et une immense énergie créative. Ne l'étouffez pas, n'ayez pas peur de me voir grandir, car je suis à la fois le résultat et le début d'un cycle parfait, tel que le fruit est à la terre.

Interprétation

La carte de L'Enfant symbolise le renouveau sous plusieurs formes. Elle peut évoquer le sentiment d'une liberté retrouvée, une victoire personnelle, une prise de conscience vous permettant de mieux vous connaître et de mieux aborder le monde qui vous entoure. Autrement dit, la carte de L'Enfant annonce aussi bien une renaissance qu'une transformation nécessaire. Ce changement peut s'opérer physiquement (modification esthétique, rénovation d'un bien, évolution d'une relation...), mais aussi de façon psychique, au niveau de la compréhension de vos émotions et sentiments.

L'Enfant représente également un grand potentiel créatif, des idées originales et pouvant être concrétisées. Elle encourage à créer et à entreprendre sans se soucier du regard d'autrui.

Si vous êtes en période de crise, L'Enfant vous conseille vivement de ne pas désespérer et de rester ouvert et en mouvement. Les mauvais jours auront toujours une fin, et rester bloqué sur le passé et vos préjugés ne vous aidera en rien. Tout comme l'hiver ne signifie pas que les beaux jours ne reviendront jamais, mais au contraire, qu'il faut en tirer des leçons afin de mieux se préparer pour l'avenir.

L'Enfant veille sur ceux qui osent écouter leur intuition et qui agissent avec honnêteté et spontanéité.

Chant

Voilà l'enfant qui vient !
Je suis venue après un pénible voyage,
Impétueuse comme l'orage qui a nourri la terre,
Mais fragile comme la graine qui a conçu l'arbre.
Voilà l'enfant qui vient !
Je suis venue avec tout l'amour du ciel,
Robuste comme la branche qui porte ses fleurs,
Mais douce comme le miel sur les lèvres des âmes.
Voilà l'enfant qui vient !

LA JEUNESSE

« Mes craintes sont inévitables. »

Mots-clés

Émancipation, confusion, sacrifice, ambivalence.

Paroles d'Ayo

Le temps se couvre et mon regard se perd en moi-même. Le monde s'étend pourtant à mes pieds, ouvert et prêt à être exploré, mais je le crains plus qu'il ne m'attire. Je veux y aller, je le crie en moi, faute de le hurler à voix haute. J'avoue avoir peur et je suis déçue d'avoir encore besoin de soutien et de réconfort. Il m'arrive même de pleurer en songeant aux bras d'un parent, alors que tout me pousse vers l'objet de mes craintes. Mais parfois, je souris et je ris en imaginant toutes les possibilités qui s'offrent à moi, et en me remémorant les souvenirs de ma si proche enfance.

Près de moi se tient une chèvre. Un ruban blanc soigneusement attaché à l'une de ses cornes symbolise notre lien affectueux. Maternelle mais libre, la bête fait ce qui lui chante et m'encourage à faire de même. Pour elle, la vie n'est ni toute noire ni toute blanche, mais pleine d'ambivalences et de sacrifices parfois nécessaires. À l'écouter, il ne faut pas avoir peur. Mes craintes sont inévitables, mais je dois les affronter pour grandir.

INTERPRÉTATION

La carte de La Jeunesse fait référence à une phase se rapprochant de l'adolescence. Elle annonce un bouleversement de nature physique et/ou mental et pointe du doigt un fort besoin d'indépendance. La Jeunesse représente donc à la fois une volonté de s'émanciper et une confusion interne. Ce changement peut avoir de grandes répercussions au quotidien, que ce soit de manière positive (curiosité accrue, personnalité qui évolue, besoin d'aller de l'avant, etc.) ou bien négative (stress, dépression, dépendance de toutes sortes...).

La Jeunesse questionne également vos doutes et hésitations pouvant être responsables de ce bouleversement. La peur du changement ne vous ferait-elle pas reculer ? Votre manque de confiance en vous ou envers les autres ne vous empêcherait-il pas de saisir de belles opportunités ? Les ombres du passé vous pourchasseraient-elles ? Quelle personne ont-elles fait de vous aujourd'hui ? Et quel genre de personne voulez-vous être demain ?

Même si vos craintes sont profondes, la carte de La Jeunesse vous encourage à les regarder en face et à apprendre à les surmonter, afin de provoquer une évolution de vous-même et/ou d'une situation. Elle vous suggère également de ne pas vous laisser déborder par vos émotions ou vous focaliser sur le regard d'autrui. Ce n'est pas grave si vous ne rentrez pas dans une case, ou si vous avez l'impression de ne pas évoluer au même rythme que les autres ! Plutôt que de vous comparer, tirez plutôt parti de votre entourage en puisant chez lui l'affection et le courage nécessaires pour faire ce que vous souhaitez.

Enfin, La Jeunesse indique que pour atteindre ses objectifs, un sacrifice peut parfois être nécessaire. Cela sera sûrement source d'inquiétude, mais certaines situations peuvent vous demander de faire face à un dilemme cornélien, avant d'espérer une progression...

Chant

Je voulais traverser la mer comme le font les bateaux,
Mais je me suis laissée flotter au bord.
J'ai écouté la voix des vagues,
Le soupir du vent.
Ils m'ont dit où était la terre,
Sur quel rivage accoster.
Je voulais traverser la mer comme le font les bateaux,
Mais je me suis laissée flotter au bord.
Ils m'ont dit de marcher droit vers le soleil,
De m'appuyer sur les roches fixes.
J'ai vu les pierres et le rivage,
Tout droit derrière le soleil.

L'AVERTIE

« Je ne veux pas simplement contempler la vie, je veux la vivre ! »

MOTS-CLÉS

Autonomie, imprévu, adaptation, engagement, objectivité.

PAROLES D'AYO

Non, je ne suis pas amère. Au contraire, je veux profiter de mes jours et de mes nuits, même sans lune et sans sommeil. Peu importe si le temps demain est triste, car j'apprendrai de lui. Je ne veux pas simplement contempler la vie, je veux la vivre ! Je veux être animée, percutée, émerveillée par toute chose…

Non, je ne suis pas naïve. Je vois bien et juste, mais je dois apprendre à mes dépens. Je veux savourer les fruits de mes désirs, connaître l'ivresse et la tendresse, les pleurs et les rires. Je veux tracer mes jours jusqu'à ce que tous les chemins soient épuisés. Et quand je serai fatiguée de faire de grands détours, de courir de-ci de-là, je m'arrêterai volontiers. Je tracerai mes jours dans le regard d'un homme, d'une femme ou peut-être même d'un enfant. Je les tracerai sur ma peau, sur l'eau et la terre, ou sur les murs d'une maison.

INTERPRÉTATION

L'Avertie correspond à la période dite de « jeune adulte », durant laquelle l'individu devrait atteindre une stabilité aussi bien biologique qu'émotionnelle. Contrairement à la carte de La Jeunesse, qui reflète une personnalité ayant encore besoin de mûrir pour pouvoir s'émanciper, L'Avertie est responsable et autonome.

Attention toutefois, L'Avertie n'a pas encore toutes les cartes en main pour pouvoir tracer sa voie sereinement. Cette carte indique donc qu'il vous faudra faire preuve de plus d'adaptation. Planifier méticuleusement chaque étape de votre vie est superflu, car de multiples imprévus vont se présenter. Mais n'ayez crainte, chaque changement sera porteur de leçons de vie et d'expériences. Tout cela vous mènera à de nouvelles réalisations, plus ou moins grandes, mais qui vous feront évoluer et consolideront votre autonomie. Alors laissez-vous aller et consommez votre vie avec plus de spontanéité.

Paisible, mais sûre d'elle, L'Avertie ne craint pas l'engagement et encourage à prendre les pleines responsabilités de ses actes. Mais attention aux individus envahissants pouvant vous empêcher de déployer vos ailes ! L'Avertie vous conseille de toujours prendre du recul sur votre situation et relation, afin de bien distinguer ce qui vous sera bénéfique ou non. Ainsi, la carte de L'Avertie invite à la découverte et à l'adaptation, mais représente également le fait de voir, de comprendre et d'agir en conséquence !

Femme de tête, mais aussi de cœur, L'Avertie est à l'image des mangues qui l'entourent : un symbole de vie, de conscience, de fertilité et d'amour. Si vous prévoyez de vous engager sentimentalement, alors n'hésitez plus !

Cette carte veille sur les amoureux, les jeunes parents et sur ceux qui agissent avec autant de cœur que de raison.

Chant

Là où le chemin me sera ouvert,
Je courrai.
Qu'importe si les herbes y sont trop hautes,
Qu'importe si les pierres me blessent les pieds,
Je courrai.
Qu'importe si la pluie forme un torrent,
Qu'importe si le soleil me brûle la peau.
Là où le chemin me sera ouvert,
Je courrai.

L'ACCOMPLIE

« Ma vie est une moisson de moi-même. »

Mots-clés

Diplomatie, concrétisation, prospérité, charisme, hostilité.

Paroles d'Ayo

J'ai traversé tellement de torrents que vous ne pourriez les compter. J'ai marché sur de nombreux chemins, chacun me menant vers des lieux où j'ai pu me perdre et me retrouver. J'ai grandi et appris constamment, cueillant tous les fruits sur ma route : ceux de mon labeur, ceux que l'on m'a donnés, ceux que j'ai découverts par chance, et ceux dont j'ai eu besoin pour continuer.

J'ai tant parcouru que, lors de mon retour, ceux que j'avais laissés m'ont dit ne plus me reconnaître. J'ai souri, le visage marqué par les jours. J'ai laissé derrière moi les âmes méprisantes et embrassé tendrement ceux qui se sont réjouis de mes aventures. Avec eux, j'ai partagé mes découvertes, nourrissant leur esprit avec les fruits de mes expériences. Je leur ai dit : « Voyez, ma vie est une moisson de moi-même. »

Interprétation

Personnage profondément maternel et quelque peu autoritaire, L'Accomplie est la représentation d'un individu solaire, rassurant et au tempérament assuré. À la différence de la carte de L'Avertie, qui représente une personne ayant encore à apprendre de ses expériences,

L'Accomplie fait preuve d'une grande maîtrise de son environnement et sait reconnaître ses qualités et ses lacunes.

Cette carte, à tendance plutôt positive, peut symboliser un objectif atteint ou rondement mené ! Si vous êtes dans une période de doutes, de passivité, ou si vous vous sentez négligeable, alors L'Accomplie vous invite à prendre réellement conscience de vos qualités et du chemin parcouru. Même si de nombreux échecs ont été essuyés, même si de nombreux buts ont été atteints, cette carte vous avertit que votre parcours ne s'arrête pas là et qu'il vous reste des rêves à réaliser, des relations à tisser et des expériences à partager. C'est peut-être le moment pour vous de planifier, de tenter et de partager !

Le maïs que L'Accomplie transporte dans son panier est un élément solaire qui met l'accent sur le caractère chaleureux et rassurant de cette carte. Il symbolise également de grands bienfaits reçus. Les feuilles de bananier sont quant à elles un symbole des liens familiaux. Ainsi, L'Accomplie nous fait comprendre que son caractère aimable et déterminé lui permet de récolter les fruits de ses efforts et de la mener à la prospérité, mais que cette réussite tient également à son entourage. Demander conseil à plus sage que soi et prendre exemple sur les expériences d'autrui sont des étapes pouvant nous mener plus rapidement à la réussite. D'une manière réciproque, il se peut que ce soit vous, qui soyez amené à être le pilier de votre entourage, à encourager et conseiller autrui.

Attention toutefois, l'aspect maternel et sage de L'Accomplie cache aussi une personnalité pouvant se montrer hostile à toute personne remettant ses paroles et ses décisions en question. Même si vous avez vécu un bon nombre d'expériences, cette carte vous prévient que vous ne pouvez pas imposer votre vision et chemin de vie à tout le monde. Restez ouvert et à l'écoute, en prenant également en considération le vécu d'autrui.

CHANT

Vous me dites de ne pas aller plus loin,
De rester ici.
Le vent vous fera-t-il bouger ?
Ou la faim vous poussera-t-elle avant ?
Vous me dites de ne pas aller plus loin,
Mais je ne suis pas restée.
Regardez les fruits dans mon panier,
Il y en a trop pour moi-même !
Vous me dites de ne pas aller plus loin,
Mais je suis déjà de retour.
Prenez donc les fruits dans mon panier,
Avant que le vent ne vous pousse,
Moi je suis déjà bien nourrie !

L'ANCÊTRE

« Mon crépuscule se transforme en un nouveau jour. »

MOTS-CLÉS

Spiritualité, intuition, connaissance, observation, transformation.

PAROLES D'AYO

Quand le crépuscule vient, je trempe mes pieds dans le cours d'eau. Je n'ai ni peur du courant ni des animaux qui nagent en son sein. Je sais où je dois aller, sur quel rocher m'appuyer pour pouvoir traverser. En observatrice, j'ai su tirer des leçons en étudiant les mouvements des eaux vives, le comportement des bêtes et les changements du temps. J'ai contemplé le serpent qui, quand il se baigne, semble renaître à chaque fois qu'il atteint la rive. Lorsqu'il ondule dans le cours d'eau et que son corps souple secoue la surface, j'y vois les halos du soleil. Là où mon âme est inondée et où mes yeux observent, mes inquiétudes disparaissent et mon crépuscule se transforme en un nouveau jour.

INTERPRÉTATION

Malgré son âge avancé, L'Ancêtre n'en demeure pas moins une femme robuste et intimidante, tenant dans ses bras un serpent constricteur. Elle semble avoir une totale confiance en ce puissant animal, qui s'enroule autour de ses épaules comme s'il cherchait à ne faire plus qu'un avec sa maîtresse.

Figure puissante, L'Ancêtre symbolise les énergies primaires qui n'attendent qu'à être révélées et tout ce qui est lié à la connaissance spirituelle, à la sagesse et aux secrets. Elle est celle qui, à l'image du serpent qui l'accompagne, observe patiemment, puis agit avec dynamisme et intuition. Elle évoque la nécessité de se tourner vers soi, et vous conseille fortement d'écouter votre voix intérieure et de travailler votre intuition.

L'Ancêtre est aussi une forme de transformation, profonde et totale, un démantèlement psychique. Autrement dit, si vous faites ou avez fait face à une période particulièrement pénible, L'Ancêtre vous fait savoir qu'un travail de reconstruction devra être engagé. Cette reconstruction débutera par une prise de conscience, un réapprentissage et une réappropriation de votre univers, afin d'y replacer votre personne. Comme le serpent qui mue et qui renouvelle de cette façon son épiderme, il vous faudra construire une nouvelle image de vous-même, afin de pouvoir renaître de la meilleure façon qui soit.

Ainsi, L'Ancêtre ne représente pas des actions physiques, mais plutôt une réflexion active ou une énergie primaire favorisant l'intuition et l'apprentissage du monde par l'observation. Elle met aussi en valeur les luttes psychologiques et spirituelles, pouvant déboucher sur une réelle transformation.

Chant

Quand le serpent passe sous mes yeux,

Je lave mon visage au bord de l'eau.

Le fleuve est comme son corps ondulant,

Il est froid comme la terre,

Mais il prend les couleurs du soleil.

Quand le serpent passe sous mes yeux,

Je lave mon visage au bord de l'eau.
Le fleuve est comme son corps ondulant,
L'abysse est à sa queue,
Le ciel sur sa tête.
Quand le serpent passe sous mes yeux,
Je lave mon visage au bord de l'eau.
C'est ainsi que je vois le jour renaître,
Que je vois le jour renaître.

LA TRAVERSÉE

« Mon voyage doit commencer. »

Mots-clés

Renaissance, début/fin, épreuve, deuil, blocage.

Paroles d'Ayo

Sur le rivage, mon âme se froisse, frustrée de ne pas avoir vécu davantage. Je laisse mon cœur s'emporter de colère un instant, amer de voir ailleurs plus heureux que moi… Mais l'instant d'après, je pense à ma tendre enfance, aux soucis de ma jeunesse, à mes premiers doutes et mes premiers émois, à tout ce que j'ai perdu et à tout ce que j'ai construit. Enfin, le cœur calme, je regarde ma vie avec une infinie tendresse.

Je vide mes poches alourdies de regrets, d'attachements nocifs et d'incertitudes. Je suis prête à avancer, à me laisser porter par les flots, poussée par le vent. Je ne sais pas où tout cela va me mener et je reste consciente que dompter mes failles n'est pas chose facile, mais mon voyage doit commencer.

Le bateau m'attend. Peut-être m'emmènera-t-il dans l'une de ces vastes cités : soutenues par leurs racines et s'élevant jusqu'au soleil.

Interprétation

Une femme regarde (ou avance) vers l'horizon. Le soleil brille, les flots sont calmes et un bateau navigue en arborant sur sa voile une étoile à huit branches, symbole d'*Ifé* (mythique cité considérée comme le berceau de l'humanité dans les légendes yorubas). Cette carte ramène aux épreuves de la vie, à l'idée d'un voyage initiatique, d'un périple, mais aussi de la mort de façon littérale (deuil-décès) et métaphorique (nouveau départ).

La Traversée vous confronte à l'inconnu, au début ou à la fin d'une période tumultueuse qui vous permettra de commencer un nouveau cycle bénéfique. Elle dénonce également un état de deuil qui dure (deuil d'un proche ou d'une relation par exemple), un comportement têtu et refusant toute forme de changement, mais aussi une forte tendance à se sacrifier. La Traversée vous indique alors qu'il est temps de lâcher prise, de vous séparer des choses qui vous encombrent physiquement et mentalement. D'arrêter de subir et de cesser de vous accrocher à une situation ou des idéaux qui, finalement, ne vous rendent pas heureux.

Ne vous laissez pas submerger par la culpabilité, vos peurs ou votre fierté. La carte de La Traversée vous conseille d'utiliser votre énergie pour entreprendre des choses, à votre rythme, et entretenir des relations bénéfiques. Plus votre énergie sera focalisée dans des ambitions positives, plus vous aurez de chances de vous sentir grandi et satisfait. Votre place n'est pas sur la rive, à regarder les bateaux passer, il vous faut désormais prendre part à ce voyage, vers l'inconnu et vers vous-même…

Chant

Je dois prendre la mer une dernière fois,
Quitte à faire naufrage.
Mes parents soufflent dans les voiles,
Ils soufflent dans les voiles.
Je dois trouver la cité dont m'a parlé mon père,
Y sentir le parfum de ma mère.
Je grandirai entre les racines et le soleil,
Entre les racines et le soleil.

Les cartes Amulette

Quel est l'objet de mon bonheur ? Le bonheur est un ensemble de petits riens. C'est cette tache sur le mur blanc, un bleu dans le corps de ma maison. Le bonheur, c'est cette fleur séchée qui porte le parfum de ma mère et me ramène au printemps. C'est ce rire éclatant que l'on entend parfois sortir d'un cœur qui s'effrite…

Entendez-vous ? Le bonheur, c'est cela ; un vide, un silence, un coup de bâton dans le vide pour entendre le vent. Ce sont les pleurs de mon père, trop heureux de me revoir. Le regard d'un amant et nos pas dans le sable du temps.

Mon bonheur n'a pas d'objet, il est constitué uniquement de ces petits riens : des bleus, des fleurs, des vides et du sable.

Si vous trouvez cela curieux, qu'importe ! Je préfère de loin être heureuse pour moi-même.

SANTÉ

« Le corps et l'esprit doivent marcher ensemble. »

Mots-clés

Bien-être/mal-être, santé/maladie, équilibre/déséquilibre.

Interprétation

La carte de la Santé parlera aussi bien de l'état physique que psychique du consultant. Dans un tirage ressenti comme positif, cette carte peut symboliser un sentiment de bien-être, une remise en forme ou l'amélioration d'un état de santé. À l'inverse, cette carte peut prévenir d'une période de stress, d'une maladie ou d'un mal-être psychique dont peuvent découler d'autres symptômes.

Afin de prévenir d'un éventuel trouble, la carte de la Santé vous conseille de prêter attention à certains points. À commencer par prendre conscience que vos maux physiques peuvent trouver leur origine dans un conflit psychique. En effet, si vous traversez une période particulièrement difficile, dans laquelle vous êtes en proie au stress, à un manque affectif ou à d'autres types de problèmes, il faudra vous attendre à ce que votre mal se ressente de manière physique et dans votre façon d'agir au quotidien. La carte de la Santé vous invite donc à trouver la source de votre mal-être, si ce n'est déjà fait, et à l'extérioriser afin d'en être progressivement libéré.

La Santé met également en évidence l'importance de la stabilité et d'un équilibre entre corps et esprit. Ne vous focalisez pas sur votre état physique, en pratiquant du sport à outrance par exemple, dans le but de fuir un mal-être psychique. De même qu'il ne vous faut pas négliger votre corps et ignorer vos problèmes concrets en pensant que le spirituel réglera tout. Le corps et l'esprit doivent marcher ensemble, ainsi l'équilibre sera rétabli et la santé préservée.

La carte de la Santé indique également qu'il est important d'avoir un environnement sain et stimulant. Prenez donc le temps de vous construire un espace qui vous ressemble et dans lequel vous pouvez vous reposer et vous retrouver. Cette carte vous encourage aussi à prendre un bain de nature, à respirer de l'air vivifiant et à parcourir de grands espaces. Mais aussi à faire un grand ménage autour de vous pour repartir sur de bonnes bases.

La carte de la Santé veillera sur les malades, sur les personnes travaillant dans les domaines de la médecine et du bien-être.

AMOUR

« L'amour implique un échange de dons sincères. »

Mots-clés

Engagement/rupture, loyauté/tromperie, affection/mépris, harmonie/discorde.

Interprétation

La carte de l'Amour représente le domaine affectif. Elle met en avant l'importance des sentiments et des liens entre les personnes, que ce soit au sein d'un couple, d'une famille ou d'un groupe d'amis. Cette carte représente donc les fondations d'une relation, et indique que des sentiments affectueux, des valeurs communes, de la bienveillance et un respect mutuel sont des éléments essentiels pour être totalement épanoui avec autrui. Si une de ces choses venait à manquer, cela pourrait perturber l'équilibre de votre relation, quel qu'en soit son type. L'amour implique un échange de dons sincères, et non le sacrifice d'une seule des parties.

Dans un tirage ressenti comme positif, la carte de l'Amour peut annoncer une rencontre qui aura un impact sur votre vie, ainsi qu'un acte de bienveillance accompli à votre égard. Pour un couple, la carte de l'Amour peut symboliser une connexion profonde, mais aussi un engagement, voire la création d'un foyer. Dans un tirage plutôt négatif, cette carte prévient que quelque chose manque à la base de votre relation, que des peines, de la jalousie et des désillusions sont à prévoir. Elle peut également évoquer un doute, une décision difficile à prendre, mais qu'il ne faudra pas laisser en suspens.

D'un point de vue plus sensuel, la carte de l'Amour peut appeler aux plaisirs charnels et à l'éveil de la libido. Elle encourage à partir à la découverte de votre corps et de vos désirs. Ne craignez pas d'expérimenter de nouvelles choses avec votre partenaire. De manière plus négative, cette carte peut prévenir d'une sexualité à la dérive, d'un manque de désir ou d'une sensualité ignorée. La carte de l'Amour vous rappelle que le désir et le romantisme ne sont pas forcément destinés à disparaître complètement. Quels que soient votre physique, vos complexes, votre âge et celui de votre couple, ne délaissez pas vos sentiments et la séduction.

Enfin, la carte de l'Amour vous invite à bâtir des relations profondes et à apprendre à regarder vos proches au-delà de ce qu'ils laissent paraître. Découvrez la vérité qui se cache derrière leur attitude et agissez en fonction, sans rester dans le déni ou l'attente de réponse. Attention également à la tromperie et à la manipulation, car dans un mauvais tirage, la carte de l'Amour peut prévenir d'un mensonge ou d'un acte qui pourrait avoir de terribles répercussions.

Cette carte veille sur les couples, les jeunes mariés et les personnes amoureuses.

CARRIÈRE

« La réussite est un engagement à l'arbre qui porte ses fruits. »

MOTS-CLÉS

Activité/passivité, réussite/échec, opportunité/contretemps.

INTERPRÉTATION

La Carrière est une carte qui se focalise sur le domaine professionnel et des études. Elle symbolise le fait de s'élever par son travail et exprime l'importance d'être dans l'action et non la passivité. De manière positive, la carte de la Carrière représente la réussite, mais elle peut aussi symboliser la domination et un certain charisme qui vous vaudra le respect de vos pairs.

Carte prônant l'ambition, elle peut indiquer une très grande force de travail qui vous permettra de mener à bien vos projets et d'atteindre vos objectifs. Elle prévient également que le chemin vers la réussite peut être long, mais aussi exténuant, et qu'il faudra vous attendre à traverser des périodes de doutes et de grande fatigue. Toutefois, la carte de la Carrière vous fait savoir que la réussite est un engagement à l'arbre qui porte ses fruits. Vous récolterez peut-être un jour le résultat de votre labeur.

De manière plus négative, la carte de la Carrière peut représenter une personne pessimiste, se contentant du moindre effort afin de ne pas être confrontée à l'échec. De ce comportement peut découler un certain penchant pour la critique facile, ainsi qu'une jalousie excessive.

Dans ce cas, la carte de la Carrière vous encourage à cesser d'envier les autres, ou de vouloir à tout prix être à leur niveau et connaître les mêmes réussites qu'eux. Vous êtes en droit d'avancer à votre rythme, de réaliser vos propres aspirations. Vous êtes en droit d'échouer une ou plusieurs fois et de savourer la moindre des victoires. La carte de la Carrière vous rappelle que votre avenir réside entre vos mains, et qu'il existe une multitude de chemins pour mener vos projets à bien.

La carte de la Carrière veille sur les ambitieux, les créatifs, ainsi que sur les étudiants.

FORTUNE

« Tout bénéfice est un gain, mais tous les gains ne sont pas des bénéfices. »

Mots-clés

Gain/perte, chance/malchance, planification/désordre, sécurité/vulnérabilité

Interprétation

La carte de la Fortune évoque la sécurité matérielle, la chance et le luxe. Pour cela, cette carte peut aussi être liée à la peur d'être vulnérable par manque d'argent et de ne jamais réussir à équilibrer totalement sa situation financière. Cependant, la carte de la Fortune rappelle qu'une réussite matérielle et l'abondance ne sont pas forcément la clé pour une vie sereine, et qu'il existe d'autres moyens de se sentir pleinement épanoui. Tout bénéfice est un gain, mais tous les gains ne sont pas des bénéfices. Autrement dit, la réussite financière peut aussi entraîner de nouveaux problèmes (jalousie, stress, responsabilité, par exemple).

Cette carte vous invite à profiter des petits plaisirs de la vie, du moindre moment de sérénité. Plutôt que de suivre le chemin que l'on vous impose comme étant un idéal, elle vous encourage à construire votre propre voie, une par laquelle vous pourrez accéder au bonheur (*votre* bonheur). La carte de la Fortune indique également que votre situation financière tend à changer. Selon le tirage, attendez-vous à un gain important ou, inversement, à un déficit.

La carte de la Fortune évoque aussi la réussite par les affaires. Elle peut donc annoncer un gain ou l'amélioration d'une situation financière. Cette récompense, bien méritée, vous apportera beaucoup de fierté et pourrait en plus vous faire réaliser tout votre potentiel.

Attention à garder un œil sur l'avenir. La carte de la Fortune vous fait savoir qu'il est important de commencer à planifier, économiser et investir pour le futur. La prévoyance vous aidera à faire face à d'éventuels changements et à devenir plus autonome et serein vis-à-vis de vos finances.

Cette carte portera chance à ceux travaillant dans les domaines de la finance et aux personnes investissant dans des projets pour l'avenir.